Wolfgang Huber
Hoff und sei unverzagt

Wolfgang Huber

Hoff und sei unverzagt

Liedpredigten zu Paul Gerhardt

Wichern-Verlag

Wolfgang Huber, Dr. theol., geboren 1942, Bischof der Evangelischen Kirche Berlin-Brandenburg-schlesische Oberlausitz, Ratsvorsitzender der EKD, Professor für Systematische Theologie und Autor, ist einer der gefragtesten Köpfe im Gespräch zwischen Kirche und Gesellschaft, Kirche und Politik.

© Wichern-Verlag GmbH, Berlin 2007
Umschlag: Glutrot GmbH, Berlin
Satz: NagelSatz, Reutlingen
Druck und Bindung: Elbe Druckerei
Wittenberg GmbH
ISBN 978-3-88981-229-2

Inhalt

Vorwort 7

Ich steh an deiner Krippen hier 11

Ich singe dir mit Herz und Mund 20

O Welt, sieh hier dein Leben 26

Auf, auf, mein Herz, mit Freuden 34

Du meine Seele, singe 41

Befiehl du deine Wege 49

Ich hab' in Gottes Herz und Sinn 56

Ist Gott für mich 67

Hoff und sei unverzagt 75

Vorwort

Jedes Jubiläum lädt zu einer Zeitreise ein. Was wäre, wenn der Jubilar heute lebte? Wie würde er sich in unsere Verhältnisse einfügen? Käme er mit unseren Zeiten zurecht? Hätte er uns etwas zu sagen?

Das Jahr 2007 war ein Paul-Gerhardt-Jahr; die vierhundertste Wiederkehr seines Geburtstags lenkte die Aufmerksamkeit auf den größten Dichter geistlicher Lieder in deutscher Sprache. Was also wäre, wenn der Jubilar heute lebte?

Für einen Bischof, der sich mit Paul Gerhardt beschäftigt, stellt sich die Frage noch etwas direkter. Was wäre, wenn Paul Gerhardt heute Pfarrer unserer Kirche wäre? Gewiss waren die Zeiten damals andere als heute. Paul Gerhardt, der im Jahr 1607 in Gräfenhainichen bei Wittenberg geboren wurde, lebte in der Zeit des Dreißigjährigen Krieges; er war ein Dichter des Barock und ein Theologe, der durch die lutherische Rechtgläubigkeit jener Zeit geprägt war.

Einfühlsam war er, aber nicht bequem. Menschliche Lebenssituationen konnte er sich zu Eigen machen, weil er selbst durch tiefste Tiefen gehen musste – durch politische Katastrophen ebenso wie durch persönliches Leid. Aber so sehr er sich zu den Leidenden hinabbeugte, so unbeugsam konnte er sein, wenn es um theologische Fragen ging. Abstriche an seinem lutherischen Bekenntnis zu machen, um dem Frieden zwischen Lutheranern und Reformierten zu dienen, widerstrebte ihm. So unerbittlich war er an diesem Punkt, dass er dafür sogar die Pfarrstelle in Berlin preisgab, nach der er sich so viele Jahre seines Lebens gesehnt und die er erst im Alter von fünfzig Jahren erhalten hatte.

Mit seiner Geradlinigkeit machte er es dem damaligen Herrscher Preußens, dem Großen Kurfürsten Friedrich Wilhelm, wahrlich nicht leicht. In jener Zeit waren die Landesherren zugleich Bischöfe der evangelischen Kirche. Friedrich Wilhelm, der reformierter Konfession war, hatte ein großes Interesse daran, mit seinen mehrheitlich lutherischen Untertanen im Einvernehmen zu leben. Kämpferische Auseinandersetzungen zwischen den beiden evangelischen Konfessionen waren ihm zuwider; deshalb wollte er auch Paul Gerhardt auf ein tolerantes Verhalten verpflichten. Doch dieser trat auf keine der Brücken, die sein Fürst ihm baute. Schließlich verließ Gerhardt Berlin und nahm in Lübben Zuflucht, das damals zu Sachsen gehörte.

Es gibt keinen Grund zu der Annahme, dass ein heutiger Bischof es mit Paul Gerhardt leichter hätte als der damalige Landesherr. Er wäre auch heute entschlossen, seinem leidenschaftlichen Glauben einen klaren theologischen Ausdruck zu geben.

In seiner Dichtung allerdings begegnet uns ein ganz anderer Ton. Seine Lieder sind von einer Innigkeit und einer Tiefe, die den Gedanken an theologische Streitsucht gar nicht erst aufkommen lassen. Wenn schon die geistlichen Gedichte, die Paul Gerhardt vor 350 Jahren niederschrieb, unser Herz so unmittelbar erreichen – wie müsste es erst sein, wenn er an unsere heutigen Erfahrungen anknüpfen könnte? Wie würde durch ihn zum Lied werden, was uns heute bewegt?

Aber es ist gar nicht nötig, diesem Traum nachzuhängen; denn Paul Gerhardts Dichtungen sprechen uns auch heute in einer Weise unmittelbar an, die staunen lässt. Diese Lieder überdauern die Zeiten; sie sind in diesem Sinn große und klassische Literatur. Zeitlos möchte man sie trotzdem nicht nennen. Paul Gerhardt bringt durchaus die Erfahrungen seiner eigenen Zeit zur Sprache; aber er tut es in einer die Zeiten übergreifenden Weise. Er nimmt die menschliche Lebenszeit eindrucksvoll ins Gebet – vom Morgen bis zum Abend, vom Beginn bis zum Ende des Jahres und des Lebens.

Paul Gerhardts Lieder bilden ein Geleit durch das gesamte Kirchenjahr. In dem Jahr, in dem sein Geburtstag zum vierhundertsten Mal wiederkehrte, haben viele Menschen das erfahren. Ich selbst habe als Bischof der Kirche, in der Paul Gerhardt lebte und wirkte, durch das ganze Jahr hindurch an seine Texte angeknüpft. Daraus ist ein Predigtzyklus entstanden, den ich hiermit gern der Öffentlichkeit übergebe.

Martin Vogel hat mich bei der Konzeption dieses Zyklus wie bei der Vorbereitung der einzelnen Predigten tatkräftig unterstützt; ich danke ihm von Herzen für diese Zusammenarbeit. Ebenso herzlich danke ich Elke Rutzenhöfer, der Leiterin des Wichern-Verlags, für die Initiative zu diesem Buch. Vor allem aber danke ich Kara Huber, meiner lieben Frau, für unser Leben zu zweit, in dem auch diese Predigten ihre Wurzel haben.

Am 3. November 2007 *Wolfgang Huber*

Ich steh an deiner Krippen hier

1. Sonntag nach Epiphanias

Ein Komet zieht über den Himmel des Jahres 1607. Sein Schweif ängstigt die Menschen. In den Sternenschweif werden die ohnehin heraufziehenden politischen Gefährdungen hineingewoben. Es ist ungewöhnlich kalt im Ackerstädtchen Gräfenhainichen, als der Familie Gerhardt am 12. März des Jahres 1607 ein Sohn geboren wurde, den die Eltern Paul nennen. Die von den Meteorologen als „Kleine Eiszeit" beschriebene Abkühlung des Klimas in Europa führt zu harten Wintern und Ernteausfällen. Auch die politischen Zeichen verheißen nichts Gutes. Der Kaiser vertreibt die Protestanten im Süden des Reiches aus Regensburg. Nach und nach zündet eine Eskalationsstufe die nächste. Ein Jahr nach dem hundertsten Jubiläum des Wittenberger Thesenanschlags treten im Jahr 1618 katholische und protestantische Mächte in den Krieg ein, der 30 Jahre dauern wird.

Sollte die Himmelserscheinung im Geburtsjahr Paul Gerhardts am Ende ein göttliches Warnzeichen gewesen sein? Erst 100 Jahre später wird der englische Physiker Edmond Halley entdecken, dass es sich bei dem Angst auslösenden Sternenschweif um einen Kometen handelt, der ungefähr alle 76 Jahre wiederkehrt. Zuletzt passierte er im Jahr 1986 die Erde. Seine nächste Wiederkehr wird für das Jahr 2061 erwartet. Rückblickend wurde im Laufe der Zeit erkannt, dass der Komet seit dem Jahr 240 vor Christi Geburt schon mindestens fünfundzwanzig Mal beobachtet worden war. Die bekannteste bildliche Darstellung des Kometen ist eine Krippendarstellung des italienischen Malers Giotto di Bondone, der den Kometen im Jahr 1301 sah und ihn als Stern von Bethlehem in seinem Fresko *Die Anbetung der Könige* darstellte.

Paul Gerhardt sah sein Leben nicht als eines, das seinen Anfang unter ungünstigen Sternen genommen hat. Für ihn war und blieb Christus die wärmende Sonne. Wir wissen, dass er in tiefe Todesschatten hineingeriet. Doch auch dann harrte er auf die ersten Sonnenstrahlen, die das Dunkel durchdrangen und besiegten.

Mit diesem Gottesdienst eröffnen wir das Paul-Gerhardt-Jahr 2007. In den nächsten Monaten wird es vielfältige Angebote geben, Leben, Werk und Wirkung des bekanntesten protestantischen Liederdichters nach Martin Luther neu zu entdecken. Seine wichtigsten Wirkungsstätten liegen in Berlin und im brandenburgischen Mittenwalde. Seine letzten Arbeits- und Lebensjahre verbrachte Paul Gerhardt in Lübben. In dieser Kirche wurde er begraben.

Die Ehrlichkeit gebietet hinzuzufügen: Ganz freiwillig ist Paul Gerhardt nicht nach Lübben gekommen.

Er wäre gern in Berlin geblieben, wo er an St. Nicolai Dienst tat. Doch wegen seiner unnachgiebigen Haltung in den theologischen Auseinandersetzungen jener Zeit konnte er nicht bleiben. Der Versuch von Kurfürst Friedrich Wilhelm, ihn durch die Behauptung zu halten, er habe das entsprechende Edikt nicht richtig verstanden, misslang gründlich. Denn mangelndes Verständnis wollte Paul Gerhardt sich am wenigsten nachsagen lassen. So war es am Ende ein Missverständnis über mangelndes Verständnis, das Paul Gerhardt nach Lübben brachte. Ein Glück für diese Stadt. Das fand Paul Gerhardt auch; deshalb dauerte es einige Zeit, bis die Räumlichkeiten, die man ihm zur Wohnung anbot, seinen Ansprüchen genügen konnten. Aber durch seine Probepredigt hatte er die Lübbener begeistert. Gern wüssten wir, was er in seinen sieben Lübbener Jahren gepredigt hat; es ist uns leider nicht überliefert. Und auch von seiner Dichtkunst enthält die Lübbener Zeit nur sparsame Spuren. Man mag vielleicht annehmen, dass die Schmerzen der davor liegenden Zeit – der Tod seiner Frau und von vier seiner fünf Kinder ebenso wie die kirchliche Auseinandersetzung, deren Opfer Paul Gerhardt wurde – seine Lust am Dichten gedämpft hatten.

Ob die Lübbener in jenen Jahren wussten, wie hoch seine geistliche Dichtung zu schätzen war? Wir können es nur vermuten. Wir Heutigen aber können es wissen: Zwar sind viele der 137 erhaltenen Dichtungen Paul Gerhardts in Vergessenheit geraten. Aber eine erstaunlich große Zahl ist noch im allgemeinen Bewusstsein; manche davon werden in der ganzen Weltchristenheit gesungen. Die großen Themen des christlichen Glaubens hat Paul Gerhardt ins Lied gebannt; der christlichen Frömmigkeit gab er Innigkeit und Tiefe; den Weg des christlichen Lebens hat er in einmaliger Weise beschrieben.

So hat er auch das Weihnachtsfest besungen wie kein anderer. *Ich steh an deiner Krippen hier, / o, Jesu, du mein Leben; / ich komme, bring und schenke dir, was du mir hast gegeben. / Nimm hin, es ist mein Geist und Sinn, / Herz, Seel und Mut, nimm alles hin / und lass dir's wohlgefallen.* Selten wurde eindringlicher besungen, was es heißt, vor der Krippe Jesu zu stehen.

Das staunende Innehalten an der Krippe bringen wir in der Regel zuerst mit Kindern in Verbindung. Sie verfügen über die große Begabung, Verwunderung zu äußern und sich überraschen zu lassen. Doch Staunen und Neugier sind mehr als Kindertugenden. Sie zählen zu unserem besten Teil. Denn auch von Erwachsenen lässt sich sagen, dass sie in den Augenblicken besonders glücklich sind, in denen sie vom Wunderbaren überwältigt werden.

Paul Gerhardts Weihnachtslied ist ein Lied des Staunens. Immer wieder begegnen wir dem Ausruf „O" und damit dem Vokal des liebevollen Staunens. Das Lied knüpft an die Anbetung des Kindes durch die Weisen aus dem Morgenland an. Mit ihnen steht Paul Gerhardt anbetend vor der Futterkrippe und tut seine

Schätze auf, um dem Kind zu geben, was er von Gott in Gnade empfangen hat. In der ursprünglichen Fassung hat das Lied 15 Strophen. In unserem Gesangbuch finden sich neun Strophen; fünf werden wir nachher singen. Ausgelassen wurden in unserem Gesangbuch besonders jene Strophen, die im Anschluss an die jetzige vierte die verehrende Betrachtung des Jesuskindes auf dessen einzelne Körperteile richteten. Mündlein, Händlein und Äuglein werden in einzelnen Versen besungen. Das Staunen geht ins Einzelne.

Dieses Staunen erklärt sich auch daraus, dass sich im Stall von Bethlehem eine schier unlösbare Frage von selbst beantwortet: Wie können Gott und Mensch einander begegnen; wie kann das schier Unmögliche Ereignis werden? Vor der Krippe sehen wir, dass sich Gott für uns ganz klein macht. Gott nimmt Wohnung unter uns Menschen – unter denen, die ein verzagtes Herz und einen zermürbten Sinn haben und kaum noch Gutes zu erhoffen wagen. Er nimmt Wohnung bei denen, die der Verzweiflung anheim gefallen sind. Er nimmt Wohnung auch bei denen, die ihn zynisch herausfordern oder ihn resigniert ablehnen. Gott nimmt Wohnung bei den Menschen, die von ihm alles erwarten und sich mit nichts anderem abspeisen lassen. Darüber lässt sich trefflich staunen, mehr noch als über einen Kometenschweif am Himmel.

Die Verwandlung, die sich dadurch einstellt, kommt in Paul Gerhardts Lied zur Sprache. Die Bereitschaft, das Beste, was Gott uns anvertraut, dem Kind in der

Krippe zum Geschenk zu machen, bestimmt seinen Ton: *Geist und Sinn, Herz, Seel und Mut* bringt der Beter dem Kind als Geschenk dar und bittet: *Lass dir's wohlgefallen.*

Ich habe als Kind lange gebraucht, um diese Zeilen zu verstehen. Gerade in den armseligen Nachkriegszeiten, in denen ich aufwuchs, war es besonders wichtig, dass man die wenigen Geschenke, die es an Weihnachten gab, sehen konnte. Aber *Geist und Sinn, Herz, Seel und Mut* sind unsichtbar. Sie bleiben es auch dann, wenn man sie dem Christkind selbst zum Geschenk macht.

Und auch das andere brachte mich zum Erstaunen: Ich hatte verstanden, dass das Christkind Geschenke bringt, ja, ich hatte zu ahnen begonnen, dass das Christuskind Gottes großes Geschenk an uns ist. Aber dass wir ihm Gaben darbringen – wie die Heiligen Drei Könige –, und eben nicht sichtbare wie Gold, Weihrauch und Myrrhe, sondern unsichtbare, dieser Gedanke brauchte Zeit, um in mich einzudringen. Es ist wahr: Welche besseren Gaben könnten wir dem Kind in der Krippe darbringen als die, die Gott uns selbst anvertraut, die Kräfte, mit denen er uns begabt – eben *Geist und Sinn, Herz, Seel und Mut*.

Das ist keine idyllische Vorstellung. Man muss sich ja nur ausmalen, was das bedeutet, wenn Menschen ihr Bestes, ihr Innerstes, die stärksten Kräfte ihrer Person Gott zur Verfügung stellen – und damit doch: sich von Gott in den Dienst nehmen lassen, wo er diese Kräfte haben will. Was würde es bedeuten, wenn Menschen so zu handeln begönnen? Nicht mehr der Eigennutz würde herrschen, sondern die Liebe zum Nächsten. Nicht mehr Misstrauen wäre bestimmend, sondern die Bereitschaft, Vertrauen zu erneuern. Die Welt sieht anders aus, wo Menschen ihr Bestes dem Kind in der Krippe zur Verfügung stellen.

Paul Gerhardts Lied wickelt uns also nicht in eine falsche Weihnachtsidylle ein. Zu deutlich werden auch die Widersprüche laut, die unser Leben prägen. Im Licht des Sterns von Bethlehem darf von den Todesnächten die Rede sein, die uns manchmal umfangen; es darf die Rede davon sein, dass das Herz im Leibe weint und keinen Trost finden kann. Ja, sogar die größte aller Fragen, die wir von Kind auf stellen, darf gestellt werden: Wie war es, bevor ich geboren war? Und wie wird es sein, wenn ich nicht mehr bin?

Das Kind in der Krippe hilft uns, mit solchen Fragen und Widersprüchen zu leben. Alles Zweifeln und alle Zwietracht rücken in das Licht der Weihnacht: Der Stern blieb stehen über Bethlehem; Gott hat sein wahres Gesicht in diesem Kind gezeigt; die Tür ist aufgeschlossen zum schönen Paradies. Dazu sprechen wir das große Ja mit der Stimme der Tradition, mit einem Lied Paul Gerhardts. Dieses Ja brauchen wir nicht allein zu sprechen. Wir dürfen uns hineinstellen in den großen Chor der Engel und der Hirten, der Bekannten und der Unbekannten. Wir bleiben nicht stehen beim Nein des Widerspruchs. Wir sagen ja zum

Leben, das uns in diesem Kind neu entgegentritt. Wir fassen das Vertrauen, dass in ihm sogar die größten Fragen eine Antwort finden: Wie war es, bevor ich geboren war? Und wie wird es sein, wenn ich nicht mehr bin?

Da ich noch nicht geboren war, / da bist du mir geboren / und hast mich dir zu eigen gar, / eh ich dich kannt, erkoren. / Eh ich durch deine Hand gemacht, / da hast du schon bei dir bedacht, / wie du mein wolltest werden.

Für mich ist das die kühnste Strophe des ganzen Liedes. Sie verdankt sich einem biblischen Psalm. Im 139. Psalm heißt es nämlich: *Deine Augen sahen mich, als ich noch nicht bereitet war, und alle Tage waren in dein Buch geschrieben, die noch werden sollten und von denen keiner da war.* Staunend können wir davon singen, dass das Wunder der Weihnacht dem Wunder unserer eigenen Geburt voraus läuft. Gott ruft uns ins Leben. Von ihm kann der Glaube sagen, dass er uns schon kannte, als es von uns noch nichts gab. Denn schon da waren wir ein Gedanke Gottes.

Gott leuchtet in die tiefsten Dunkelheiten unseres Lebens. Deshalb ist die Sonne für Paul Gerhardt das wichtigste Gleichnis für Jesus Christus überhaupt. Und unser Lied enthält die schönste aller Sonnenstrophen Paul Gerhardts überhaupt. Es bringt zum Klingen, dass das innere Licht des Glaubens gebunden ist an das Wirken der Christus-Sonne.

Christus-Sonne – ein starkes Bild. Und doch war Paul Gerhardt bewusst, dass es ein Bild war, ein

Gleichnis. Denn der Weg vom Glauben zum Schauen steht noch vor uns. Hier in Lübben schrieb Paul Gerhardt kurz vor seinem Tod folgende Sätze in sein Testament: „Daneben bitte ich von Grund meines Herzens, … [Gott] wolle mir, wenn mein Stündlein kommt, eine fröhliche Abfahrt verleihen, meine Seele in seine väterlichen Hände nehmen, und dem Leibe eine sanfte Ruhe in der Erde bis zu dem lieben jüngsten Tage bescheren, da ich mit allen Meinigen … wieder erwachen und meinen lieben Herrn Jesum Christum, an welchen ich bisher geglaubet und ihn doch nie gesehen habe, von Angesicht zu Angesicht schauen werde."

Gott schenke uns allen diese Zuversicht zu schauen, was wir glauben. Und er schenke uns, dass wir mit dem Glauben beginnen, damit das Schauen folgen kann. Amen.

Diese Predigt wurde im Eröffnungsgottesdienst für das Paul-Gerhardt-Jahr am 7. Januar 2007 in der Paul-Gerhardt-Kirche zu Lübben gehalten.

Ich singe dir mit Herz und Mund

Oculi

Wer mit Herz und Mund singt, bewegt nicht nur die Lippen. Dass dabei die Stimmbänder in Schwingung geraten, versteht sich von selbst. Unser Atem strömt mit dem Lied. Wir spüren das Kraftfeld der Melodie bis in die Haarwurzeln hinein. Das Lied erreicht unser Herz und erhebt unsere Seele; es verbindet uns mit denen, die mit uns singen. Und plötzlich wird uns klar: In diesem Lied liegt dein ganzes Leben, ja, du lebst für dieses Lied. Für diesen Augenblick, in dem du deine Stimme erhebst und singst. Jetzt und hier.

Heute feiern wir einen Menschen, der unseren Liedern Worte gibt. Gewiss brauchen Lieder mehr. Sie sind auf Melodien angewiesen; sie entfalten sich im mehrstimmigen Gesang. Aber sie brauchen auch einen Text. Paul Gerhardt, der vor 400 Jahren zur Welt kam, gab den Liedern Worte wie kein anderer. Hier in Berlin wirkte er erst als Hauslehrer, später als Pfarrer. Mittenwalde und Lübben waren weitere Stationen seines Wirkens in unserer Region. St. Nicolai hier ganz in der Nähe war seine wichtigste Predigtstätte.

Das war eine Zeit, die vom Dreißigjährigen Krieg und seinen Grauen bestimmt war. Für Paul Gerhardt waren die Jahre von großem persönlichen Leid geprägt. Erst spät fand er zur Ehe; dann starben ihm die Frau und vier seiner fünf Kinder dahin. Aber er hielt fest an dem, was er besang: dass Gott uns das Leben schenkt und sich von unserem Kummer erweichen lässt.

Es wird berichtet, dass dieser geachtete Pfarrer seine dichterischen Fähigkeiten zunächst vor allem an Gelegenheitsreime wendete. Wir kennen das auch heute: Wenn ein Fest zu feiern ist, braucht man einen, der den Anlass des Festes in Reime fasst.

Bei Paul Gerhardt wäre es ein Jammer gewesen, wenn sein Dichten nur solchen Augenblicken verhaftet geblieben wäre. Deshalb war und bleibt es unser großes Glück, dass er weiter ging und dem Glauben zum Lied verhalf. Denn damit verhalf er dem Leben zum Lied.

Wenn wir uns von Paul Gerhardts Liedern mitnehmen lassen, dann werfen wir unsere Seele über die Mauer der Gleichgültigkeit. Wir öffnen unsere Sinne für das, was uns trägt. Wir lassen uns zu etwas bewegen, was wir allein nie könnten. Gott so aus der Mitte unseres Lebens heraus zu loben, brächten wir alleine nicht zu Stande. So viele Stationen unseres Lebens im Licht der Güte Gottes zu sehen, gelänge uns niemals von selbst. Doch damit das gelingt, müssen wir singen. Es ist an der Zeit, dass wir wieder den Mut zum

Singen fassen. Paul Gerhardt kann diesen Mut in uns wecken.

Seine Lieder fangen oft mit etwas an, was wie eine Selbstüberredung klingt. *Du, meine Seele, singe!* Oder: *Geh aus, mein Herz, und suche Freud!* Und dann die Antwort im selbstgewissen Ich: *Ich singe dir mit Herz und Mund!* Die Gewissheit des Glaubens, die aus solchen Liedstrophen spricht, ist nicht selbst gemacht, sie ist ein großes Geschenk.

Wer solche Lieder singt, legt sein Geschick in Gottes rettende Hand. Diese Gewissheit verbindet uns mit denen, die vor uns ihren Glauben besungen haben. Gemeinsam mit Moses und den Seinen stehen wir singend am rettenden Ufer. Mit ihnen jubeln wir über die gelungene Flucht durch das Schilfmeer. Aus vollem Hals preisen wir das Ende der Knechtschaft.

Wenn wir Gott mit unseren Liedern loben, dann treten wir neben Menschen, die vor uns waren. Nicht alle konnten in Freiheit leben. Hier in Berlin kommt uns der Dichter Jochen Klepper in den Sinn, der die Bedrückung durch das nationalsozialistische Regime nicht überstand. An seinem sechsunddreißigsten Geburtstag, 1939, notierte er in seinem Tagebuch: „Jeden Tag ‚studiere' ich ein Kirchenlied. Heute war, welch ein Geburtstagslied!, an der Reihe: ‚Ich singe dir mit Herz und Mund, Herr meines Herzens Lust' von Paul Gerhardt." Ja, welch ein Geburtstagslied! Heute singen wir es für ein anderes Geburtstagskind, für den Dichter dieses Liedes selbst.

Am Ende aller Tage, so beschreibt es die Offenbarung des Johannes, stehen die getreuen Gefährten Jesu Christi am Ufer eines gläsernen Meeres: *… und die den Sieg behalten hatten …, die standen an dem gläsernen Meer und hatten Gottes Harfen und sangen das Lied des Mose, des Knechtes Gottes, und das Lied des Lammes: Groß und wunderbar sind deine Werke, Herr, allmächtiger Gott! Gerecht und wahrhaftig sind deine Wege, du König der Völker. Wer sollte dich, Herr, nicht fürchten und deinen Namen nicht preisen? Denn du allein bist heilig! Ja, alle Völker werden kommen und anbeten vor dir, denn deine gerechten Gerichte sind offenbar geworden.*

Die Vision einer Zukunft, in der alles so klar vor Augen liegt wie ein gläsernes Meer, bestimmt jeden christlichen Gottesdienst. Weil diese Zukunft noch aussteht, lässt Gott sich mit Bitten und Klagen bedrängen. Am besten im Lied, das Anrufung und Anbetung zugleich ist. So wichtig ist das Lied für den christlichen Glauben, dass wir uns auch die Engel singend und musizierend vorstellen – wie in einer „himmlischen Kantorei". Und wenn in unseren Gottesdiensten die Kantorei von der Höhe herab singt, erleben wir etwas von dieser „himmlischen Kantorei" schon jetzt. Darauf antworten wir gern mit unseren Liedern und schämen uns ihrer nicht, selbst wenn die Stimme brüchig ist oder wir die Melodie nur unvollkommen beherrschen. Denn das Lied bleibt nicht bei der Selbstüberredung; es erklingt zum Lob Gottes. Unser ganzes Leben erstrahlt dadurch in einem neuen Licht.

Über 14 Strophen hin haben wir das in diesem Gottesdienst schon erlebt. *Ich singe dir mit Herz und Mund* – so hebt das Lied an. Und nach 13 Strophen klingt es wie die Erfüllung dieser Ankündigung: *Wohlauf, mein Herze, sing und spring / und habe guten Mut.* Dieser Mut gründet in der Gewissheit, dass Gott sich in unsere Hände legt und unser Leben in seinen Händen birgt: *Dein Gott, der Ursprung aller Ding, / ist selbst und bleibt dein Gut.*

Erfahrungsgesättigt, schön und volkstümlich spricht Paul Gerhardt von Gott: *Er ist dein Schatz, dein Erb und Teil, / Dein Glanz und Freudenlicht, / Dein Schirm und Schild, dein Hilf und Heil, / Schafft Rat und lässt dich nicht.* Paul Gerhardts Loblied entdeckt die Spuren Gottes in unserer Welt. Seine schlichten Strophen helfen uns, dem Schöpfer fühlbar zu begegnen, ihm entgegen zu gehen. Durch alle Kreaturen hindurch redet Gott uns eindringlich und persönlich an – durch das Himmelszelt ebenso wie durch das fruchtbare Feld, durch Wind und Wetter, durch Leben und Frieden, durch Vergebung und Trost.

Dabei bleiben Leid und Schuld nicht ungesagt. Der Überheblichkeit dessen, der meint, auf Gott nicht angewiesen zu sein, tritt die Einsicht entgegen, wie viel Grund wir haben, uns zu grämen. Dem Unglück, das uns widerfährt, hält nur stand, wer weiß, bei wem er dieses Unglück abladen kann. *Nimm deine Sorg und wirf sie hin / auf den, der dich gemacht.* Trotziger hat noch keiner das Gottvertrauen ausgesprochen als in diesem drastischen Bild: Nimm deine Sorgen und wirf sie auf deinen Schöpfer! Er allein verwandelt unser Leben in Segen.

Viele von uns sehnen sich nach einer tiefen Form der Hingabe. Wir sehnen uns nach der Begegnung mit Gott. Das Singen macht uns von innen her weit. Wer mit Herz und Mund singt, lernt, neu ins Leben zu gehen. Amen.

Die Predigt wurde am 11. März 2007 im ZDF-Fernsehgottesdienst zum 400. Geburtstag von Paul Gerhardt in St. Marien zu Berlin gehalten.

O Welt, sieh hier dein Leben

Karfreitag

Im Jahr des 400. Geburtstags von Paul Gerhardt treten wir an diesem Karfreitag mit ihm gemeinsam unter das Kreuz. Wie kaum ein anderer hat dieser Pfarrer an der benachbarten Nicolaikirche die Passion Christi in geistlicher Tiefe durchdrungen und zugleich Worte gewählt, die dieses Geschehen plastisch vor das innere Auge malen. *Ein Lämmlein geht und trägt die Schuld* und *O Haupt voll Blut und Wunden* – so heißen die Anfänge von zwei besonders bekannten Liedern, die unmittelbar einer Meditation des Kreuzes Jesu zu entwachsen scheinen. Ihre sprachliche Kraft zieht uns in ihren Bann. Ihre detaillierten Schilderungen gestatten kein Ausweichen.

Wer mit Paul Gerhardt das Geschehen des Karfreitags meditiert, tritt selbst unter das Kreuz von Golgatha. Das zeigt auch ein anderes Lied, das so beginnt: *O Welt, sieh hier dein Leben / am Stamm des Kreuzes schweben*. Distanz ist unmöglich: ... *sieh hier* dein *Leben* ... Mit gutem Grund kann niemand behaupten, mit dem Geschehen am Kreuz habe er nichts zu tun. Denn dort stirbt das Leben der Welt, ihre Hoffnung, ihre

Lebensverheißung. Bereits mit dem ersten Satz dieses Passionsliedes ist die Geschichte der Menschheit untrennbar mit dem Leben und Sterben Jesu verbunden. Bereits mit dem ersten Satz entfaltet sich eine ungeheure Dramatik; das Leben der Welt steht auf dem Spiel. Ein Entkommen gibt es nicht. Der Kreuzestod Jesu hat eine weltumspannende Bedeutung.

Diese weltumspannende Dramatik prägt auch die Schilderung der Kreuzigungsszene im Evangelium des Matthäus. Der Tod Jesu wirkt stärker als jeder andere Tod hinaus in Raum und Zeit.

Und als sie ihn verspottet hatten, zogen sie ihm den Mantel aus und zogen ihm seine Kleider an und führten ihn ab, um ihn zu kreuzigen. Und als sie hinausgingen, fanden sie einen Menschen aus Kyrene mit Namen Simon; den zwangen sie, dass er ihm sein Kreuz trug.

Und als sie an die Stätte kamen mit Namen Golgatha, das heißt: Schädelstätte, gaben sie ihm Wein zu trinken mit Galle vermischt; und als er's schmeckte, wollte er nicht trinken. Als sie ihn aber gekreuzigt hatten, verteilten sie seine Kleider und warfen das Los darum. Und sie saßen da und bewachten ihn. Und oben über sein Haupt setzten sie eine Aufschrift mit der Ursache seines Todes: Dies ist Jesus, der Juden König.

Und da wurden zwei Räuber mit ihm gekreuzigt, einer zur Rechten und einer zur Linken. Die aber vorübergingen, lästerten ihn und schüttelten ihre Köpfe und sprachen: Der du den Tempel abbrichst und baust ihn auf in drei Tagen, hilf dir selber, wenn du Gottes Sohn bist, und steig herab vom

Kreuz! Desgleichen spotteten auch die Hohenpriester mit den Schriftgelehrten und Ältesten und sprachen: Andern hat er geholfen und kann sich selber nicht helfen. Ist er der König von Israel, so steige er nun vom Kreuz herab. Dann wollen wir an ihn glauben. Er hat Gott vertraut; der erlöse ihn nun, wenn er Gefallen an ihm hat; denn er hat gesagt: Ich bin Gottes Sohn. Desgleichen schmähten ihn auch die Räuber, die mit ihm gekreuzigt waren.

Und von der sechsten Stunde an kam eine Finsternis über das ganze Land bis zur neunten Stunde. Und um die neunte Stunde schrie Jesus laut: Eli, Eli, lama asabtani? Das heißt: Mein Gott, mein Gott, warum hast du mich verlassen? Einige aber, die da standen, als sie das hörten, sprachen sie: Der ruft nach Elia. Und sogleich lief einer von ihnen, nahm einen Schwamm und füllte ihn mit Essig und steckte ihn auf ein Rohr und gab ihm zu trinken. Die andern aber sprachen: Halt, lass sehen, ob Elia komme und ihm helfe! Aber Jesus schrie abermals laut und verschied.

Und siehe, der Vorhang im Tempel zerriss in zwei Stücke von oben an bis unten aus. Und die Erde erbebte und die Felsen zerrissen, und die Gräber taten sich auf und viele Leiber der entschlafenen Heiligen standen auf und gingen aus den Gräbern nach seiner Auferstehung und kamen in die heilige Stadt und erschienen vielen. Als aber der Hauptmann und die mit ihm Jesus bewachten das Erdbeben sahen und was da geschah, erschraken sie sehr und sprachen: Wahrlich, dieser ist Gottes Sohn gewesen!

Wer diese Schilderung von Jesu Kreuzigung und Tod hört, kann sich ihrer weltumspannenden Dramatik nicht entziehen. Mit Jesu Todesschrei reißt der Vorhang des Tempels in zwei Stücke. Die Erde bebt. Die Gräber leeren sich. Der Kampf zwischen Leben und Tod entbrennt. So geht es zu, wenn aufeinander trifft, was nicht zusammengehört. Der Gott des Lebens und die Macht des Todes. Der, der Leben erschafft und erhält; und das, was dem Leben entgegensteht und es überwältigt. Wo Gott dem Tod begegnet, bricht ein Konflikt auf, der die ganze Welt durchzieht.

Der Vorhang des Tempels reißt in Stücke. Dieser Vorhang soll den Raum des Heiligen abgrenzen von dem profanen Bereich, dem Bereich also, der dem Heiligen vorgelagert ist. Den heiligen Raum durfte zu Jesu Zeiten nur der Hohepriester und auch dieser nur an wenigen Feiertagen betreten. Aber nun liegt der trennende Vorhang danieder, er ist entzweit, durchgerissen. Der Vorhang trennt nicht mehr. Gott durchkreuzt die Trennung zwischen dem Heiligen und dem Profanen. Er geht den Weg durch diese Welt bis zum Letzten, bis zum Tod, einem gewaltsamen Tod von äußerster Profanität. Die Trennung zwischen dem, der allein heilig ist, und der unheiligen Welt ist aufgehoben.

Felsenfeste Sicherheiten geraten ins Wanken. Die Erde erbebt; Felsen zerbrechen. Grenzen, die festgeschrieben sind wie eine geologische Landkarte, brechen auf. Die Verstorbenen machen sich auf aus den Fesseln des Todes. Denn er verliert seine alle und alles bezwingende Macht. Etwas Gewaltiges rührt an die Fundamente der Welt. In dem, der ohnmächtig am

Kreuz hängt, liegt diese Gewalt – die gewaltlose Gewalt der Liebe.

Welterschütternde und weltumspannende Bilder verwenden sie beide, der Evangelist Matthäus wie der Liederdichter Paul Gerhardt. Solche Bilder sind uns heute wieder näher als noch vor wenigen Jahren. Wir fragen wieder neu nach der Welt im Ganzen; wir fragen neu, wie sie zu deuten sei. Denn unser Bild von der Welt ist großen Erschütterungen und erheblichen Umbrüchen ausgesetzt. Schon die heute Zehnjährigen entwickeln ein Bewusstsein für den dramatischen Wandel des Weltklimas und fragen, was er im eigenen Land, in entfernten Teilen unserer Welt, ja auf unserem gesamten Globus anrichtet. Sie lernen, dass sich in der Zeitspanne ihres Lebens in der Energieerzeugung wie im Energieverbrauch Grundlegendes ändern muss. Sie bekommen einen Vorgeschmack von der Endlichkeit der Welt, die nicht nur einen Anfang, sondern auch ein Ende hat. Kein Mensch verfügt über den Anfang – und ebenso verfügt keiner über das Ende. Und doch beschleicht uns das Gefühl, dass der Mensch zur Beschleunigung des Endes manches beizutragen vermag. Die Verantwortung auch für solche weltumspannenden Vorgänge rückt nahe an uns heran. In Distanz zu ihnen zu gehen, erscheint als unmöglich. Ein Entkommen gibt es nicht.

Und dennoch mischt sich eine abgründige Gleichgültigkeit ins Bild. Im Karfreitagsevangelium treten uns zwei Typen solcher Gleichgültigkeit entgegen.

Beide sind sie unter dem Kreuz zu finden. Da sind einmal die Soldaten. *Sie saßen da und bewachten ihn.* Eine Kreuzigung gehört zu den Bestandteilen ihres täglichen Handwerks. Trotzdem vermag ich mir nur schwer vorzustellen, dass ihnen das schmähliche Leiden eines Menschen und sein Tod am Kreuz nicht auch ans Herz ginge. Doch es gibt Menschen, die selbst dem Tod gegenüber abstumpfen. Die Soldaten überspielen alles Mitgefühl mit Jesus; sie *verteilten seine Kleider und warfen das Los darum.* So muss es bei Soldaten nicht zugehen. Ich habe Soldaten kennen gelernt, für die nicht der Tod, sondern das Leben eines Menschen das Entscheidende ist. Sie riskieren das eigene Leben, um das Leben anderer zu schützen.

Der andere Typ der Gleichgültigkeit sind die Passanten. Eigentlich wollen sie sich eine Begegnung mit Jesus ersparen. Sie versuchen Distanz zu gewinnen, indem sie ihn verhöhnen. *Die aber vorübergingen, lästerten ihn und schüttelten ihre Köpfe.* Äußere Distanz entspringt oft genug der Überforderung durch ein überwältigendes Geschehen. Was kann ich denn bewirken? So lautet dann der innere Teil der Frage, die sich nach außen als uninteressierte Ablehnung darstellt.

Doch Gleichgültigkeit hat unter dem Kreuz keinen Bestand. Distanz ist unmöglich – auch für den, der mit Paul Gerhardt unter das Kreuz tritt. *Wer hat dich so geschlagen, / mein Heil, und dich mit Plagen / so übel zugericht'?* Der Heiland der Welt ist zugleich das eigene

Heil – *mein Heil*, dichtet Paul Gerhardt. Von dem Geschehen mit weltumspannender Bedeutung sind wir selbst betroffen. Die Nähe zum Kreuz verstärkt sich noch einmal, die Intensität nimmt zu, wenn gefragt wird, warum dieser *große Fürst der Ehren* sterben muss. Er ist ja schuldlos. An ihm kann es nicht liegen.

Ich – so antwortet Paul Gerhardt: *Ich, ich und meine Sünden ... Ich bin's, ich sollte büßen.* Mit diesem *Ich* beginnen zwei aufeinander folgende Strophen. Nun ist die Verbundenheit mit dem Gekreuzigten aufs Schärfste gezeichnet. Um der Sünde der einzelnen willen stirbt Jesus den Tod am Kreuz. *Was du ausgestanden, / das hat verdienet meine Seel.*

Wer den Ursachen des Kreuzestodes Jesu nachdenkt und nachbetet, kann nicht untätig daneben stehen. Der Blick des Glaubens auf den Gekreuzigten regt an zum eigenen Tun. *Nun, ich kann nicht viel geben / in diesem armen Leben, / eins aber will ich tun ...* Der Sterbende erhält Beistand. Der Einsame bekommt einen Begleiter. Der Leidende erhält Zuspruch.

Der Alltag der Seelsorge kennt solche Situationen. Keine Seelsorgerin und kein Seelsorger bleiben davon unberührt. Das nahe Wissen von dem Leiden anderer Menschen macht sie sensibel für die Verletzungen in der Welt. Sie spornen dazu an, das Mögliche zum Wohl in der Welt beizutragen. Paul Gerhardt lernt: *Ich will daraus studieren*, was es heißt, die Feinde zu lieben, den Schuldigern zu vergeben, die eigene Kraft um Gottes Willen einzusetzen.

Paul Gerhardt gibt sich weder der Abstumpfung noch der Gleichgültigkeit hin. Sein Glaube fordert ihn heraus. Im Lied wird das Kreuzesgeschehen angeeignet und vertieft. Wer singt, nimmt die Worte und Bilder in sich auf; sie finden zugleich innerlich und äußerlich Raum. *Du nimmst auf deinen Rücken / die Lasten, die mich drücken / viel schwerer als ein Stein. – Du springst in Todes Rachen, / mich frei und los zu machen.* Nicht die Distanz, sondern die Anteilnahme an Jesu Kreuz wirkt Befreiung. Matthäus bringt sie im Mund des römischen Hauptmanns auf den Punkt: *Wahrlich, dieser ist Gottes Sohn gewesen!* Gottheit und Menschheit treten auch in der weltumspannenden Erschütterung nicht auseinander. Indem der Mensch Jesus Christus in den Tod geht, durchbricht Gott selbst die Grenzen der Welt. Er gibt dem Heil der Welt Raum.

Mit Paul Gerhardt unter das Kreuz zu treten, heißt, entschlossen das Mögliche zu ergreifen, mutig zu hoffen und dem neuen Morgen entgegenzugehen. Amen.

Diese Predigt wurde am Karfreitag, dem 6. April 2007, in der St.-Marien-Kirche zu Berlin gehalten.

Auf, auf, mein Herz, mit Freuden

Ostersonntag

Zu Tausenden zogen sie auf den Friedhof, mitten in der Nacht. Allenfalls ein paar Stunden hatten sie geschlafen. Rechtzeitig wollten sie zur Stelle sein. Weithin waren ihre Lieder zu hören, wie sie durch die Straßen zogen und, auf dem Friedhof angelangt, zu den Gräbern strebten, in denen ihre Lieben lagen. In die Morgendämmerung hinein feierten sie Gottesdienst. Und mit dem ersten Morgenlicht brandete der Jubel auf: Christus ist auferstanden, er ist wahrhaftig auferstanden.

Unvergesslich ist mir, wie ich mit diesen Tausenden in der nordindischen Stadt Ranchi Ostern gefeiert habe. Mich rührte es an, wie viele Menschen sich für dieses Osterfest auf weite Wege gemacht hatten, weder Mühen noch Kosten scheuend. Sie wollten bei den Ihren sein, bei den lebenden wie bei den toten. Im Kreis der Familie feierten sie die Auferstehung Christi. An den Gräbern bezeugten sie den Sieg des Lebens über den Tod. An den Gräbern bekannten sie sich dazu, dass Gottes Liebe siegt.

Auf, auf, mein Herz, mit Freuden, / nimm wahr, was heut geschieht; / wie kommt nach großem Leiden / nun ein so großes Licht! Paul Gerhardt hat so gedichtet, unser protestantisches Geburtstagskind in diesem Jahr. Vor vierhundert Jahren wurde er geboren und trifft doch auch für uns die österliche Stimmung. Jubel bestimmt diesen Tag. Dieser Jubel gibt uns die Kraft, Protestleute zu sein gegen den Tod. Wir singen unsere Freude hinaus in die Welt. Überwunden ist die Angst; die Niedergeschlagenheit ist ausgestanden; der Tod rückt in das Licht des Auferstehungsmorgens. Deshalb können wir singen: *Die Trübsal trübt mir nicht / mein Herz und Angesicht, / das Unglück ist mein Glück, / die Nacht mein Sonnenblick.*

Aber der Weg aus der Nacht in den Sonnenblick braucht seine Zeit. Es kann Stunden dauern, wie damals in Ranchi, der nordindischen Stadt. Ausdauer war verlangt, viele Lieder wurden gebraucht, bis das Licht des Morgens durchbrach. Wir müssen den Weg wiederholen, den auch die ersten Zeuginnen der Auferstehung gingen, am ersten Ostern überhaupt.

Trübe ist es am Morgen des ersten Ostertages. Trüb ist der tränenverhangene Blick der Maria von Magdala, die gekommen ist, um das Grab Jesu zu pflegen. Schwer ist ihr Herz über den Tod Jesu zwei Tage zuvor. Hoffnungslos horcht ihre Seele in die Stille der ersten Stunden des beginnenden Tages.

Von diesem Morgen erzählt das Johannesevangelium: *Maria aber stand draußen vor dem Grab und weinte. Als sie nun weinte, schaute sie in das Grab und sieht zwei Engel in weißen Gewändern sitzen, einen zu Häupten und den andern zu den Füßen, wo sie den Leichnam Jesu hingelegt hatten. Und die sprachen zu ihr: Frau, was weinst du? Sie spricht zu ihnen: Sie haben meinen Herrn weggenommen, und ich weiß nicht, wo sie ihn hingelegt haben. Und als sie das sagte, wandte sie sich um und sieht Jesus stehen und weiß nicht, dass es Jesus ist. Spricht Jesus zu ihr: Frau, was weinst du? Wen suchst du? Sie meint, es sei der Gärtner, und spricht zu ihm: Herr, hast du ihn weggetragen, so sage mir, wo du ihn hingelegt hast; dann will ich ihn holen. Spricht Jesus zu ihr: Maria! Da wandte sie sich um und spricht zu ihm auf Hebräisch: Rabbuni!, das heißt: Meister! Spricht Jesus zu ihr: Rühre mich nicht an! Denn ich bin noch nicht aufgefahren zum Vater. Geh aber hin zu meinen Brüdern und sage ihnen: Ich fahre auf zu meinem Vater und zu eurem Vater, zu meinem Gott und zu eurem Gott. Maria von Magdala geht und verkündigt den Jüngern: Ich habe den Herrn gesehen, und das hat er zu mir gesagt.*

Maria hat sich zum Grab hin aufgemacht, weil sie trauert. Sie trauert um einen Menschen, der ihr sehr viel bedeutet hat. Es heißt, Jesus habe sieben böse Geister aus ihr ausgetrieben und sie so von schwerer seelischer Krankheit befreit. Durch Jesus hat sie neuen Lebensmut gefasst und ein Lebensziel gefunden: sie hat sich mit ihm auf den Weg gemacht und ist ihm nachgefolgt. Nun aber steht sie da. Ihr Blick reicht nicht weiter als bis in das Grab. *Mein Heiland war gelegt / da, wo man uns hinträgt, / wenn von uns unser Geist / gen Himmel ist gereist.*

Der Blick in das Grab hinein könnte sie eigentlich verblüffen, müsste sie schockieren, ja aufrütteln. Denn das Grab ist leer. Am Ort, wo der Leichnam Jesu lag, sieht sie lediglich zwei Engel sitzen. Doch sie zeigt keine Reaktion. Wie mächtig muss ihre innere Leere sein, wie mickrig ihr Hoffnungsbild: Der Weckruf des leeren Grabes verhallt ungehört. Maria befürchtet, zu dem Unglück des Todes Jesu sei nun der Raub seines Leichnams hinzugetreten.

Es ist auch nicht leicht, weiter zu kommen als bis zu Jesu Grab. Wie oft höre ich, dass Menschen auf ihrem Weg zum christlichen Glauben an dieser Stelle verharren! Ja, ein hervorragender Mensch sei dieser Jesus gewesen, so sagen sie, ein Beispiel an Humanität, Zuversicht und Friedfertigkeit. Ein Prophet sei er gewesen, räumen sie ein – wie ja auch Muslime Jesus als Propheten anerkennen, als einen geringeren freilich als Mohammed. Aber dass Jesus Gottes Sohn sei, so fügen suchende Menschen hinzu, das könnten sie nur glauben, wenn sie es mit eigenen Augen zu sehen bekämen, wenn sie eine eigene Erfahrung mit ihm machen könnten.

Doch durch Sehen allein lässt sich der Glaube nicht erreichen. Denn das Sehen kann täuschen. Maria Magdalenas Beispiel zeigt das; und sie ist damit nicht allein. Maria von Magdala steht vor Jesu Grab. Dass dieses Grab leer ist, nimmt ihr aber nichts von ihrer Traurigkeit, sie weint keine Träne weniger. Es scheint im Gegenteil so zu sein, als geselle sich zur Trauer nun noch die Bitterkeit über den schändlichen Umgang mit dem Toten. Wenn der Leichnam nicht mehr zu sehen ist, muss er entwendet worden sein. Maria sieht und glaubt doch etwas ganz anderes.

Dass Jesus Gottes Sohn ist, zeigt sich in seinem Verhältnis zum Tod. Zur Zeit Paul Gerhardts, vor 400 Jahren, wurde dies oft in dem Bild dargestellt, dass Christus auf dem Schlachtfeld des Todes die Siegesfahne des Lebens hisst. Christus ist wieder frei *und ruft Viktoria, / schwingt fröhlich hier und da / sein Fähnlein als ein Held, / der Feld und Mut behält.* Oder noch drastischer in einer Strophe, die unser heutiges Gesangbuch nicht mehr enthält: *Der Held steht auf dem Grabe / und sieht sich munter um. / Der Feind liegt und legt abe / Gift, Gall und Ungestüm. / Er wirft zu Christi Fuß / sein Höllenreich und muss / selbst in des Siegers Band / ergeben Fuß und Hand.*

Was für uns Heutige befremdlich wirken mag, war im Mitteleuropa des 17. Jahrhunderts vielerorts grausamer Alltag. Ausgelöst durch eine böhmische Revolte, bekannt geworden als Prager Fenstersturz, brandet 30 Jahre lang über die Bevölkerung fast ganz Europas eine Welle von Krieg und Gewalt hinweg, die marodierende Soldaten genauso mit sich führt wie Hunger und Epidemien. Als Paul Gerhardt im Jahr 1647 das Osterlied *Auf, auf, mein Herz, mit Freuden* dichtet, stehen die Friedensverhandlungen endlich kurz vor dem Abschluss. Die Erfahrung dieser grauenvollen Jahre geht in die Bildsprache des Liedes ein: *Die Höll und ihre Rotten / die krümmen mir kein Haar.* Paul Gerhardts Verse sind von österlicher Zuversicht getragen. Sie zeugen von der Gewissheit, dass der Schrecken der Welt – dem Paul Gerhardt so entsetzlich oft ins Angesicht schauen musste – dem Glaubenden im Letzten nichts anhaben kann. *Die Welt ist mir ein Lachen / mit ihrem großen Zorn*, dichtet er sehend und glaubend. *Nun soll mir nicht mehr grauen / vor allem, was mir will / entnehmen meinen Mut.* Paul Gerhardt hört Gottes Ruf zum Leben. Mit seinem Lied fordert er uns alle dazu auf, ihn zu ergreifen. Gottes Ruf weckt neues Leben. Die Starre des Todes schmilzt unter den Strahlen der Auferstehungssonne. Wo Gott spricht, blüht Leben auf.

Frau, was weinst du?, fragt der Mann hinter Maria. Dies ist ein guter Moment für Maria. Sie bekommt die Möglichkeit, ihre Schale aus Trauer und Verärgerung zu durchbrechen, ihrer Enttäuschung und Sehnsucht freien Lauf zu lassen. Doch noch kann Maria nicht *Auf, auf, mein Herz* singen. Sie erkennt Jesus nicht, sondern sieht in ihm den Gärtner des Friedhofs. Sie hält ihm ihre wütende Meinung entgegen, dass der Leichnam Jesu dem Grab entnommen sei. *Herr, du hast ihn weggetragen, sage mir also bitte, wo du ihn hingebracht hast!* Maria beschuldigt andere, weil sie sich innerlich unfrei fühlt. Sie ist festgehalten in der Mauer ihrer Empfindungen.

Doch der Mann weist weder ihre Vorwürfe und Anschuldigungen als ungerechtfertigt zurück noch kehrt er ihr gekränkt den Rücken. Sondern er spricht zu ihr nur das eine Wort, Gott ruft sie bei ihrem Namen – *Maria!*

In diesem Moment, in dem sie bei ihrem Namen gerufen wird, erwacht Maria zu neuem Leben. Nun begreift sie, wer vor ihr steht. *Die Trübsal trübt mir nicht / mein Herz und Angesicht.* Trauer und Bitterkeit zerbrechen. In die Stille des Morgens strömt der Gesang ewiger Freude. Maria erkennt Leben dort, wo sie vorher dem Tod geglaubt hat. Wo ihr vorher die Welt am Ende zu sein schien, erlebt sie neuen Aufbruch. Der Tag, der für sie in der Einsamkeit und Leere begann, endet in der Gemeinschaft mit den Jüngern. *Maria von Magdala geht und verkündigt den Jüngern: Ich habe den Herrn gesehen.* Maria trägt Gottes Ruf weiter: *Auf, auf, mein Herz, mit Freuden.*

Gottes Ruf verwandelt. Er löst aus der Starre und setzt in Bewegung. Paul Gerhardt führt uns mit dem Text seines Liedes, Johann Crüger mit der Melodie dazu in das österliche Erleben hinein. Als ob sein Lied freudetrunken wie Maria zu den Jüngern dem auferstandenen Christus hinterher stürzt, entwickelt es eine österliche Dynamik. *Er dringt zum Saal der Ehren, / ich folg ihm immer nach.* Ein Osterlied, das seinem Ziel entgegenstrebt, ein Herz, das Gott entgegengeht.

Die Botschaft von Ostern setzt in Bewegung. Sie ruft dazu auf, den erlösenden Jubel von Ostern weiter zu tragen. Wir werden selbst zu Trägern dieses Jubels: *Auf, auf, mein Herz, mit Freuden, / nimm wahr, was heut geschieht*! Amen.

Diese Predigt wurde am Ostersonntag, dem 8. April 2007, im Berliner Dom und in der St.-Matthäus-Kirche zu Berlin gehalten.

Du meine Seele, singe
Kantate

Ich schäme mich des Evangeliums nicht. Seit Beginn meiner Bischofszeit, also seit nunmehr dreizehn Jahren, begleitet mich dieses Wort. Immer stärker fand ich, es passe zu unserer Situation. Wie es mir zugeflogen ist, weiß ich nicht mehr; plötzlich war es da. Aber schwer aufzufinden ist es auch nicht. Es steht im ersten Kapitel des Briefs, den der Apostel Paulus an die Gemeinde in Rom geschrieben hat. Schon nach fünfzehn Versen stößt man auf diese markante Aussage, die im Zusammenhang folgendermaßen heißt:

Ich schäme mich des Evangeliums nicht; denn es ist eine Kraft Gottes, die selig macht alle, die daran glauben, die Juden zuerst und ebenso die Griechen. Denn darin wird offenbart die Gerechtigkeit, die vor Gott gilt, welche kommt aus Glauben in Glauben; wie geschrieben steht: Der Gerechte wird aus Glauben leben.

An die erste christliche Gemeinde in Rom sind diese Worte gerichtet. Rom, das ich gerade in den vergangenen Tagen besucht habe, war damals freilich keineswegs das Zentrum einer römisch-katholischen Weltkirche, sondern es war die Hauptstadt des römischen Weltreichs. Heidnisch wie das ganze Reich war auch die Hauptstadt. Eine kleine jüdische Minderheit gab es in ihr, die vor allem aus Kaufleuten bestand.

Aus ihr hatten sich einige wenige zu Jesus Christus als ihrem Heiland und Retter bekannt; einige nichtjüdische Christen waren hinzugetreten – *Juden zuerst und ebenso Griechen.* Aber es handelte sich um eine winzige Glaubensgemeinde in heidnischer Umwelt. Sie konnte Zuspruch brauchen; denn die Verführung dazu, sich zu verstecken, war groß. Der aufrechte Gang war nicht einfach. Es tat wohl, vom Apostel so aufgemuntert zu werden. *Ich schäme mich des Evangeliums nicht; denn es ist eine Kraft Gottes, die selig macht alle, die daran glauben.*

Uns spricht das heute an. Minderheitserfahrungen kennen wir auch. Mit der Situation zu Beginn der Christenheit ist das, was unsere Gemeinden in der Zeit der DDR erlebt haben, zwar nicht zu vergleichen; und dieser Dom beispielsweise oder die anderen stolzen Kirchen in dieser Stadt und im ganzen Land blieben unübersehbare Wahrzeichen des Glaubens auch in den Zeiten der Bedrängnis.

Aber Versuche gab es, Menschen dazu zu bringen, dass sie sich des Evangeliums schämten. Manche Waffen wurden dafür eingesetzt. Der Unterricht in der Schule oder der Zugang zu Studium oder Beruf wurden ebenso dafür verwandt wie die öffentliche Propaganda. Auch die Kunst des Dichtens und der Poesie wurde schon in den frühen Jahren der DDR als ein solches Instrument gebraucht. Erich Weinert, der 1946 aus der Sowjetunion nach Deutschland zurückkehrte, verfasste alsbald viele propagandistische Texte. Eines seiner Gedichte hat es direkt mit der Frage zu tun, ob man sich des Evangeliums schämen soll. Es heißt so:

Ich habe einen Kommunisten gefragt:
„Bist du noch in der Kirche?" – Da hat er gesagt:
„Ach, du denkst wohl, ich gehe sonntags beten?
Da wäre ich ja ein schöner Kommunist!
Wir sind zwar formell noch nicht ausgetreten,
was ja auch schließlich überflüssig ist.
Wir hatten keine kirchliche Trauung.
Bei Vaters Begräbnis hat keiner gepredigt.
Der Pastor kennt unsere Weltanschauung,
für den sind wir schon lange erledigt.
Und Kirchensteuern bezahle ich ja auch nicht.
Was soll ich da noch auf dem Amtsgericht?"
„Genosse, nun will ich dir mal was flüstern!
Dein Name steht in den Kirchenregistern.
Und nun erzählt dein Pastor seiner Gemeinde:
Bei uns ist sogar noch ein Kommunist.
Ein Mann aus dem Lager der Glaubensfeinde!
Das beweist, liebe Freunde, dass Jesus Christ
Doch stärker als gottlose Lehren ist!"
„Ja, daran hab ich noch gar nicht gedacht!"
„Nun aber schnell einen Strich durch gemacht!"

Diese Zeilen Erich Weinerts rufen Erinnerungen an die Atmosphäre im Osten Deutschlands in den Jahrzehnten der SED-Herrschaft wach, das von einer massiven Kirchenfeindlichkeit geprägt war. Wer noch nicht aus der Kirche ausgetreten war, sollte sich dafür schämen, Gewissensbisse empfinden und eine Pflicht zur Rechtfertigung seiner Kirchenmitgliedschaft spüren.

Heute, bald zwei Jahrzehnte nach der Wende von 1989, erleben wir einen allmählichen Wandel des gesellschaftlichen Klimas. Die Anmeldungen zur Jugendweihe, die ihre Stabilität über viele Jahre dem Nachwirken der DDR-Erziehung verdankte, sind im Land Brandenburg innerhalb weniger Jahre nahezu um die Hälfte zurückgegangen; gleichzeitig steigt zwar nicht die absolute Zahl der Konfirmanden, aber ihr Anteil am jeweiligen Altersjahrgang deutlich an. Beide Entwicklungen lassen sich nicht einfach aus dem Geburtenrückgang seit Beginn der neunziger Jahre erklären. Vielmehr kündigt sich behutsam ein Mentalitätswandel an. Man kann ihn auch spüren, wenn man die Schulen hier am Brandenburger Dom besucht. *Ich schäme mich des Evangeliums nicht.*

Dieses Wort des Apostels Paulus ist das Leitwort für eine Predigtreihe, zu der die Domgemeinde in diesen Sommermonaten einlädt. Heute sind wir dazu aufgefordert, darüber nachzudenken, warum uns Scham überfällt und welche Scham wir im Licht des Evangeliums hinter uns lassen können.

Scham entsteht aus dem Wunsch, dazu zu gehören. Sie überfällt uns, wenn wir etwas tun, was uns von anderen trennt. Denn der Wunsch, dazu zu gehören, ist tief in der menschlichen Seele verankert; unser Sozialverhalten ist zu großen Teilen von diesem

Wunsch geprägt. Umgekehrt gehört das Gefühl, ausgeschlossen zu sein, deshalb zu den schmerzlichsten Erfahrungen, die uns begegnen können. Wir alle wissen, wie es sich anfühlt, wenn die Verbindung mit einer anderen Person oder die Zugehörigkeit zu einer Gruppe verloren geht. Am schlimmsten ist die Angst, von allen anderen verstoßen zu werden.

Für unsere Vorfahren bedeutete der Verstoß aus der Gruppe den sicheren Tod. Mit dem Schamgefühl greift der Selbsterhaltungstrieb eines Menschen in dessen eigene Persönlichkeit ein und erkauft sich die Wiederaufnahme in die Gruppe mit einer Art von Selbstaufgabe. Petrus verleugnete seine Verbindung zu Jesus dreimal, noch ehe der Hahn krähte; denn auch im Hof des Hohenpriesters wollte er dazu gehören. Der Kreis der Jünger zerstob bereits bei der Festnahme Jesu im Garten Gethsemane; denn sie wollten nicht ausgestoßen werden.

Schamgefühle und die damit verbundene Angst können von heftigen körperlichen Symptomen begleitet sein. Heftig schlägt das Herz, unwiderstehlich steigt das Rot ins Gesicht, die Hände sind feucht. Wir genieren uns, sind verlegen, bereuen oder erglühen. Die Angst, dass andere uns wegen der eigenen Unvollkommenheit verspotten könnten, kann lähmen. Wer möchte schon wegen einer vermeintlichen Unvollkommenheit von Dritten verachtet werden?

Eine Schamkultur kann stumm machen; sie verleitet zum Verschweigen. Vor vierzig Jahren rebellierten Studierende in der alten Bundesrepublik und ganz besonders in West-Berlin gegen eine Schamkultur, die alle Verstrickungen in die Zeit des Nationalsozialismus verdecken und totschweigen wollte. Sie begehrten auf gegen den „Muff von tausend Jahren", der sich unter den Talaren ihrer Professoren verbarg. Manche der jungen Rebellen hielten es sogar für richtig, jede Form von Scham gänzlich abzuschaffen. Damit scheiterten sie kläglich.

Von Adam und Eva heißt es: *Sie waren nackt und schämten sich nicht.* Was im Garten des Paradieses möglich war, ist uns heute verwehrt. Wir leben jenseits von Eden. Paulus ruft nicht zu einer generellen Abschaffung der Scham auf. Er erklärt, dass wir uns des Evangeliums nicht zu schämen brauchen. Und er hat dafür eine klare Begründung. Denn das Evangelium ist eine Gotteskraft, die wir zum Leben brauchen wie die Luft zum Atmen. Diese Kraft befreit uns aus den Verstrickungen, die unser Leben fesseln. Wie ein Netz, so macht Paulus deutlich, liegt die Sünde mit ihren Folgen auf der Seele jedes Menschen. Er meint, sich daraus mit eigener Kraft befreien zu können. Aber mit jeder Bewegung verstricken wir Nachfahren von Adam und Eva uns tiefer in das unentrinnbare Schicksal. Nur die Kraft Gottes kann das Netz zerreißen und uns die Freiheit gewähren. Das hat Jesus Christus bewirkt. Davon zeugt das Evangelium Gottes. Weil es unsere Rettung beschreibt, gibt es keinen Grund, sich dafür zu schämen.

Vielmehr können wir Christus unseren Mitmenschen bekannt machen, wie wir ihnen einen Menschen vorstellen, der uns das Leben gerettet hat. Wenn wir einem solchen Menschen nach geraumer Zeit wieder begegnen würden, dann würden wir ihn ganz sicher voller Freude begrüßen, ihn unseren Freunden vorstellen und von der wundersamen Rettung erzählen. Wir würden uns seiner nicht schämen. So ist es auch mit dem Menschen, durch den der Glanz Gottes wieder in unsere verschattete Welt kam: Christus, auf dessen Antlitz Gottes Gerechtigkeit leuchtet. Wir brauchen uns seiner nicht zu schämen. Wir können diesen Glanz zum Leuchten und zum Klingen bringen: *Du meine Seele, singe, / wohlauf und singe schön / dem, welchem alle Dinge / zu Dienst und Willen stehn. / Ich will den Herren droben / hier preisen auf der Erd; / ich will ihn herzlich loben, so lang ich leben werd.*

Mit einer Selbstüberredung beginnt dieses Lied. *Du meine Seele, singe!* Ein andermal ist Paul Gerhardt seiner Sache gewisser. Da fängt er beherzt mit einem *Ich* an: *Ich singe Dir mit Herz und Mund!* Das klingt wie das Ich des Apostels: *Ich schäme mich des Evangeliums nicht.* Aber heute und hier herrscht der Ton der Selbstüberredung. Der Dichter muss sich erst aufschwingen zu dem Jubel; und die Melodie von Johann Georg Ebeling nimmt das in wunderbarer Weise auf: *Du meine Seele, singe, / wohlauf und singe schön.* Im Fluss dieses Liedes lässt sich spüren, dass das Evangelium eine Gotteskraft ist, der wir eigentlich nur singend antworten können.

Hier sind die starken Kräfte, / die unerschöpfte Macht; / das weisen die Geschäfte, / die seine Hand gemacht: / der Himmel und die Erde / mit ihrem ganzem Heer, / der Fisch unzähl'ge Herde / im großen wilden Meer.

Wir alle begegnen Tag für Tag Menschen, denen falsche Scham den Zugang zum Gottvertrauen verwehrt. Vielleicht schämen sie sich für ihre Fragen. Eventuell wagen sie einen ersten Schritt und stoßen dabei auf Barrieren, die wir errichtet haben. Aber das Evangelium ist *eine Kraft Gottes, die selig macht alle, die daran glauben.* Allen gilt die Botschaft, dass Gott sie aufrichtet und annimmt. Keinem ist diese Zusage verwehrt.

Deshalb wollen wir unseren Beitrag dazu leisten, dass sich die Türen zum Evangelium öffnen. Wir wollen dem Image einer Anrufbeantworterkirche beherzt entgegen treten und selbst auf andere zugehen. Die Entdeckungen, die wir dabei machen können, werden unser Leben verwandeln. Wir werden erleben, dass Gottes Kraft in den Schwachen mächtig ist. Dahinter gibt es keinen Weg zurück. Ohne Scham und in demütigem Stolz können wir dann einstimmen in die Worte Paul Gerhardts: *Ach, ich bin viel zu wenig, / zu rühmen seinen Ruhm; / Der Herr allein ist König, / ich eine welke Blum. / Jedoch weil ich gehöre / gen Zion in sein Zelt, / ist's billig, dass ich mehre / sein Lob vor aller Welt.* Amen.

Diese Predigt wurde am Sonntag Kantate, dem 6. Mai 2007, im Brandenburger Dom gehalten.

Befiehl du deine Wege

Rogate

Als sich unser Land vor einem knappen Jahr im Fußballfieber befand, war eine Liedzeile in aller Munde: „Dieser Weg wird kein leichter sein. Dieser Weg wird steinig und schwer." Unsere Nationalmannschaft hatte diesen Titel von Xavier Naidoo zu ihrem Lied gemacht und stimmte sich mit dieser Melodie auf jedes neue Spiel ein. Die Spieler wussten, dass es hart wird. Aber sie wollten ihren Weg als Team gemeinsam und entschlossen gehen. „Dieser Weg wird kein leichter sein. Dieser Weg wird steinig und schwer."

Ob Sie, liebe Ordinandinnen und Ordinanden*, auch in dieses Lied einstimmen? In Ihren Arbeitsbereichen werden Sie freudig aufgenommen und treffen auf große Erwartungen. Stimmen diese Erwartungen Sie sorgenvoll oder fröhlich? Es ist den Menschen wichtig, dass eine Pfarrerin oder ein Pfarrer unter ihnen ist – ein Bürge für das Gespräch mit Gott und die Verkündigung seines Worts, ein Begleiter in guten wie in

---

* Mit der Ordination werden in der evangelischen Kirche Pfarrerinnen und Pfarrer in ihr Amt eingeführt. Dass sie das Evangelium öffentlich verkünden, taufen und die Feier des Heiligen Abendmahls leiten, ist der Kern des Auftrags, zu dem sie ordiniert werden.

49

schweren Tagen. Viele warten auf den Hoffnungsträger, der bei der Beerdigung auf dem schweren Weg zum Grab vorangeht und die Trauernden nicht allein lässt. Das gemeinsame Singen bereitet mit der neuen Pfarrerin noch mehr Freude. Das Nachdenken über neue Gemeindeformen braucht Anleitung; Menschen wollen ermutigt werden, ihre Gaben in das Leben der Gemeinde einzubringen. Viele werden durch Sie zum ersten Mal erfahren, dass Gott es gut mit ihnen meint. Es ist wichtig, dass Sie sich zu den Menschen auf den Weg machen, Milieugrenzen überwinden und auf Mitmenschen zugehen, die es mit ihrem Leben schwer haben. Sie warten auf einen Begleiter, weil sie die Kraft für einen Neubeginn allein niemals mobilisieren können. Sagen Sie bei so vielfältigen Erwartungen auch: „Dieser Weg wird kein leichter sein. Dieser Weg wird steinig und schwer"?

Von den zwölf Jüngern damals am See Genezareth bis zum heutigen Zwölferkreis von Ordinandinnen und Ordinanden hat es in jeder Generation Frauen und Männer gegeben, die dem Ruf des Evangeliums gefolgt sind. Dietrich Bonhoeffer war auch Pfarrer unserer Kirche. Seine Ordination am 15. November 1931 in der Berliner St. Matthäus-Kirche liegt nun schon über 75 Jahre zurück. Dietrich Bonhoeffer hatte Studium und Vikariat so schnell und exzellent absolviert, dass er damit vor dem Erreichen des fünfundzwanzigsten Lebensjahres fertig war. Aber erst mit fünfundzwanzig Jahren durfte man damals ordiniert werden. Bonhoeffer musste darauf warten. Etwa zwölf Jahre später saß er im Gefängnis.

Von dort schrieb er: „Verzeiht, dass ich Euch Sorgen mache, aber ich glaube, daran bin diesmal weniger ich, als ein widriges Schicksal schuld. Dagegen ist es gut, Paul Gerhardt Lieder zu lesen und auswendig zu lernen, wie ich es jetzt tue." So heißt es in dem ersten Lebenszeichen Dietrich Bonhoeffers an seine Eltern aus dem Wehrmachtsuntersuchungsgefängnis Tegel nach seiner Verhaftung im April 1943. Und von da an zieht sich der Bezug auf Paul Gerhardt durch diese Briefe hindurch wie ein Basso continuo durch eine barocke Sonate. „In den ersten 12 Tagen, in denen ich hier als Schwerverbrecher abgesondert und behandelt wurde – meine Nachbarzellen sind bis heute fast nur mit gefesselten Todeskandidaten belegt – hat sich Paul Gerhardt in ungeahnter Weise bewährt, dazu die Psalmen und die Apokalypse. Ich bin in diesen Tagen vor allen schweren Anfechtungen bewahrt worden." Und am entscheidenden Wendepunkt, nach dem Scheitern des Attentats vom 20. Juli 1944, heißt es gleich im ersten Brief – in dem der Verzweiflung abgerungenen Brief vom 21. Juli 1944: Es kommen „Stunden, in denen man sich mit den unreflektierten Lebens- und Glaubensvorgängen genügen lässt. Dann freut man sich ganz einfach an den Losungen des Tages ... und man kehrt zu den schönen Paul Gerhardtliedern zurück und ist froh über diesen Besitz."

Bonhoeffer steht mit dieser Erfahrung nicht allein. Viele andere können sie bestätigen. Über die Generationen und Jahrhunderte hinweg ist Paul Gerhardt für viele Menschen zum sprachmächtigen Interpreten der elementarsten Glaubenserfahrungen geworden. Er kann bis zum heutigen Tag als der fruchtbarste und schöpferischste Dichter geistlicher Lieder in deutscher Sprache gelten. Viele Menschen richten sich an wichtigen Wendepunkten des Lebens zwischen Geburt und Tod immer wieder an einem bestimmten Lied von Paul Gerhardt auf: *Befiehl du deine Wege und was dein Herze kränkt der allertreusten Pflege des, der den Himmel lenkt.*

„So ein ‚Befiehl du deine Wege' zum Exempel, das man in der Jugend in Fällen, wo es nicht so war, wie's sein sollte, oft und andächtig mit der Mutter gesungen hat, ist wie ein alter Freund im Hause, dem man vertraut und bei dem man in ähnlichen Fällen Rat und Trost sucht." Matthias Claudius hat so über dieses Lied geurteilt. Es gibt einer elementaren Glaubenserfahrung Gestalt: *Befiehl dem Herrn deine Wege und hoffe auf ihn. Er wird's wohl machen.* So heißt es im 37. Psalm.

Paul Gerhardt hat eine ungleich umfangreichere Dichtung aus diesem einen Psalmvers von dreizehn Wörtern entwickelt. Er macht Gebrauch von der Kunstform des Akrostichons und lässt die zwölf Strophen des Lieds der Reihe nach mit den einzelnen Worten des Psalmverses beginnen – nur die beiden Worte *dem Herren* lässt er als Beginn der zweiten Strophe zusammen stehen. Diese kunstvolle Liedform ist zugleich besonders einprägsam. Viele haben deshalb das ganze Lied in ihrer Schulzeit gelernt; weil man den Anfang jeder Strophe leicht erinnern kann, merkt sich auch das Ganze leichter. Viele haben deshalb alle zwölf Strophen bis ins Alter behalten. Man wünschte sich, dass das Lernen solcher Lieder heute wieder erlaubt – und nicht als mechanisches Auswendiglernen verpönt – wird.

Aber auch denen, die das Lied nicht im Ganzen behalten, prägen sich die dichtesten Sprachbilder aus ihm wie von selber ein: *Der Wolken, Luft und Winden / gibt Wege, Lauf und Bahn, / der wird auch Wege finden, / da dein Fuß gehen kann.* Welche sprachliche Meisterschaft zeigt sich in den beiden Gruppen von jeweils drei Substantiven – *Wolken, Luft und Winde; Wege, Lauf und Bahn.* Aber die künstlerische Leichtigkeit ist kein Selbstzweck. Ein Vertrauen zu Gottes Güte wird vermittelt, das an der Kränkung, die jedes menschliche Herz erfährt, nicht zerschellt.

„Dieser Weg wird kein leichter sein. Dieser Weg wird steinig und schwer." Kein menschliches Schicksal ist von Enttäuschungen frei; uns allen widerfährt, was mit unseren Vorstellungen von uns selbst und vom gelingenden Leben nicht zusammenpasst. Die größte Enttäuschung ist der unzeitige Tod. Paul Gerhardt hat ihn an vier seiner fünf Kinder und an der eigenen Ehefrau schmerzlich erlebt. Sein Gottvertrauen ist aus der Tiefe eigener Leiderfahrung geboren. Das spürt man seinem Lied an. *Mit Sorgen und mit Grämen / und mit selbsteig-*

ner Pein / lässt Gott sich gar nichts nehmen, / es muss erbeten sein.

Solches Gottvertrauen weckt natürlich Widerspruch. Kein Geringerer als Bertolt Brecht hat den Versuch unternommen, in einer Imitation von Paul Gerhardts Sprachform dessen Gottvertrauen durch das Vertrauen des Menschen auf sich selbst zu überbieten. Eine der drei Strophen seines *Lobgesangs* heißt so: *Es kann dir nichts geschehen / Solang du nicht entfliehst / Im Guten wie im Wehen / Den gleichen Himmel siehst / Und Wolken, Luft und Winden / Hast du ja nichts getan / Es wird sich niemand finden / Der dich verstoßen kann.*

Der Glaube an die Unangreifbarkeit des Menschen tritt hier der Erfahrung menschlicher Verletzlichkeit entgegen. Das Bild eines Menschen, der auf Gott nicht angewiesen ist, wird zynisch und mit Bitterkeit dem Vertrauen entgegengestellt, dass allein Gottes Güte unser Leben in Segen verwandelt. Aber noch einmal: Ein oberflächliches Vertrauen ist das nicht. Es ist widrigen Erfahrungen abgerungen. Doch in seinem Testament dankt Paul Gerhardt Gott „zuvörderst für alle seine Güte und Treue, die er mir von meiner Mutter Leibe an bis auf jetzige Stunde an Leib und Seele und an allem, was er mir gegeben, erwiesen hat."

So Gott will und wir leben, werden Sie gemeinsam mit ihren Gemeinden Sommerfeste feiern, Kinder taufen, junge Paare segnen und im Alter verstorbene Menschen zu Grabe tragen. Vielleicht aber wird Ihre Gemeinde gemeinsam mit Ihnen auch stürmischer See ausgesetzt sein. Im einen wie im anderen Fall wünsche ich Ihnen, dass in Ihrem Rucksack neben dem MP3-Player mit den neuesten Titeln, neben dem Handy mit den Nummern Ihrer Freunde, neben Brot und Wein ein Gesangbuch und eine Bibel ihren Platz haben.

Dass Sie Menschen dabei helfen, Gott anzurufen und seine Barmherzigkeit zu preisen: das ist Ihr Amt. Darin stehen Sie in der Nachfolge Jesu Christi, auf dessen Stimme die christliche Gemeinde hört. Dass wir auf ihn hören, ist die entscheidende Kraftquelle: für uns selbst, für die Gemeinden, für unsere Gesellschaft insgesamt. Aus seinem Wort speist sich alles, was wir mit gutem Grunde die Prägekraft des christlichen Glaubens nennen können. Dieses Wort sollen und wollen wir denen nicht verschweigen, denen es fremd und unbekannt geworden ist. So und nur so erneuert sich die Prägekraft des christlichen Glaubens.

Wie gut, dass Sie nicht alle Lasten selbst schultern müssen. Wie gut, dass Sie von dem wissen, der uns kennt und uns bei unserem Namen ruft. Ihm, dem Herrn, wollen wir unsere Lebenswege anvertrauen, denn er wird's wohl machen. Amen.

Die Predigt wurde am Sonntag Rogate, dem 13. Mai 2007, im Ordinationsgottesdienst in St. Marien zu Berlin gehalten.

Ich hab' in Gottes Herz und Sinn

18. Sonntag nach Trinitatis

I.

Gipfeltreffen haben heute Konjunktur. Gleich die Spitzen von acht Staaten trafen sich im vergangenen Sommer in Heiligendamm. Ein Gipfeltreffen folgt dem anderen, wenn die Bundeskanzlerin in diesen Tagen durch Afrika reist. Und wenn die Vollversammlung der Vereinten Nationen in New York zusammentritt, geben sich Spitzenpolitiker die Türklinken in die Hand.

Ein Gipfeltreffen ganz anderer Art führt uns heute in Mittenwalde zusammen. Paul Gerhardt trifft Johann Sebastian Bach. Paul Gerhardt, der größte Kirchenliederdichter deutscher Sprache, trifft Johann Sebastian Bach, den fünften Evangelisten. Der Künstler der Worte trifft auf den Künstler der Töne. Und der eine wie der andere wollte niemals selbst auf dem Gipfel stehen; beide wollten sie vielmehr Gott preisen. Der eine wie der andere wollte niemals selbst der Größte sein; was sie schufen, war vielmehr der größeren Ehre Gottes geweiht.

Heute würde der eine wie der andere als Popstar gefeiert – und das zu Recht. Von Johann Sebastian

Bach gibt es Melodien, die sich in jedes Ohr graben; ich nenne nur die Choralvertonung von *Wachet auf, ruft uns die Stimme* als Beispiel. Und von Paul Gerhardt gibt es Texte, die sich jedem ins Herz senken, der sie einmal gehört hat: *Befiehl du deine Wege / und was dein Herze kränkt / der allertreusten Pflege / des, der den Himmel lenkt. / Der Wolken, Luft und Winden / gibt Wege, Lauf und Bahn, / der wird auch Wege finden, / da dein Fuß gehen kann.*

Ein Glaubensbote der Sprache trifft einen Glaubensboten der Musik. Das bestimmt unseren heutigen Gottesdienst. Zu diesem Treffen wäre es wohl nicht ohne die besondere Wendung gekommen, die der Lebenslauf Johann Sebastian Bachs wie derjenige Paul Gerhardts genommen hat. In Bachs Fall trägt diese Wendung den Namen Leipzig: dort wurde er Thomaskantor – und widmete sich fortan der geistlichen Musik. In Paul Gerhardts Fall trägt diese Wendung den Namen Mittenwalde: hier wurde er Propst – und damit nahm sein klägliches Hauslehrerdasein ein Ende. Gewiss: Bachs Leipziger Wirken dauerte 27 Jahre; Paul Gerhardt dagegen hielt sich nur sechs Jahre in Mittenwalde auf. Doch für sein dichterisches Wirken sollte die Mittenwalder Zeit von herausragender Bedeutung sein. *Geh aus, mein Herz, und suche Freud* will ich nur als Beispiel dafür nennen, welchen inneren Aufschwung ihm diese Jahre beschert haben – neben dem schweren Leid, von dem auch gleich die Rede sein muss. Es ist kein Zufall, dass Theodor Fontane das Wirken von

Paul Gerhardt als den „Glanzpunkt in der Geschichte Mittenwaldes" bezeichnet. Deshalb freue ich mich sehr darüber, dass Mittenwalde dem protestantischen Geburtstagskind dieses Jahres, dem zeitweiligen Mittenwalder Propst, in diesem Jahr ein so intensives Gedenken widmet.

Paul Gerhardt in Mittenwalde, Johann Sebastian Bach in Leipzig – mit ein paar Strichen will ich beschreiben, was den einen hierhin und den anderen dorthin geführt hat.

II.

Erinnern wir uns an die Zeit, in der Paul Gerhardt lebte: die Zeit des Dreißigjährigen Krieges. Die kriegsbedingte desolate Lage in Brandenburg kommt in einem zeitgenössischen Schreiben aus dem Jahre 1640 so zum Ausdruck: „Aus solchem Totalruin und Verderb, wie es der Krieg herbeiführt, entspringt zuvorderst dieses Unheil, dass bei so gänzlicher Verwüstung der Städte und Dörfer fast keine Mittel mehr vorhanden …[sind], woraus dann weiter entstehet, dass der größte Teil der Prediger fast vor Hunger verschmachten."

Auch in Mittenwalde waren die Verhältnisse jammervoll. Das an der Heerstraße nach Dresden gelegene Städtchen war durch Besetzung und Brandschatzung, Plünderung und Pest, Vergewaltigung und Hunger schwer geschädigt. Mittenwalde hatte während des Krieges drei Viertel der Einwohner verloren und war auf 250 Personen gesunken. Von den 242 Haushalten vor dem Krieg bestanden im Jahr 1645 nur noch 42. Als Paul Gerhardt 1651, drei Jahre nach Kriegsende, nach Mittenwalde kam, gab es allerdings schon wieder 700 bis 800 Einwohner.

Obwohl die Ereignisse des Dreißigjährigen Krieges sehr lange zurück liegen, berühren uns die Schilderungen dieser Zeit unmittelbar. Heute und hier müssen wir uns mit einem Rückgang der Bevölkerung aus ganz anderen Gründen auseinandersetzen. Manche vergleichen das dennoch mit der Zeit des Dreißigjährigen Krieges – zu Unrecht, wie ich finde. Aber dass in einer älter werdenden Gesellschaft noch immer so wenige Kinder geboren werden, macht uns unruhig. Wenn wir zurückblicken, kommen auch uns die verheerenden Auswirkungen von Krieg und Diktatur in den Sinn. Hinzu kommt ein Gefühl, dass die Gegenwart unsicherer geworden ist. Das plötzliche Hereinbrechen von Naturkatastrophen und der unterschwellig befürchtete Zusammenbruch unserer Normalität – etwa durch einen Terroranschlag – beunruhigen viele Menschen. Doch wir wissen: Angst ist ein schlechter Ratgeber. Sie macht unfrei und hindert uns, aufrecht zu gehen. Wenn wir ängstlich auf mögliche Gefahren schielen, dann übersehen wir die großartigen Möglichkeiten, die wir zum Wohle aller ergreifen können.

Dafür, sich nicht von dunklen Gedanken gefangen nehmen zu lassen, gibt Paul Gerhardt ein großartiges Beispiel – auch in dem Lied, das unseren heutigen Gottesdienst prägt. Vierundvierzig Jahre ist er alt, als sich ihm zum ersten Mal in seinem Leben die Möglichkeit einer festen Anstellung eröffnet. Am 28. September 1651 hält er in Mittenwalde seine Probepredigt und bleibt noch zwei Tage in der Stadt. Seine Präsentation muss auf Zustimmung gestoßen sein. Von einem Zeitgenossen Gerhardts gibt es folgende Schilderung seiner Predigtweise: „Sie bot vornehmlich diejenigen Eigenschaften, die das Wahrheitszeugnis dem gemeinen Manne, der nicht der täglichen Geistesarbeit gewohnt ist, allein nahe zu bringen vermögen: eine volkstümliche, gegenständliche Sprache, eine dem Einfachen und Naheliegenden zugewandte Gedankenwahl und ein behagliches, alles Sprunghafte vermeidendes Verweilen im einzelnen – Vorzüge, denen wir auch in seinen Liedern immer wieder begegnen."

Nachdem Paul Gerhardt am 18. November 1651 in der Berliner Nicolaikirche zum Pfarrer ordiniert wurde, geht er, wie gesagt: im Alter von vierundvierzig Jahren, nach Mittenwalde, um von dort aus das Amt des Propstes auszuüben. Zur Propstei gehörten elf Pfarrstellen. Neben Mittenwalde zählen beispielsweise Gräbendorf, Teupitz und das heutige Königs Wusterhausen zu dem Bereich, in dem Paul Gerhardt geistliche Beratung zu geben hat und, was er weniger gern tut, die Verwaltung im Blick behalten soll. Im Mittenwalder Kirchenbuch finden sich Eintragungen von Gerhardts Hand, die am 1. Januar 1652 beginnen und bis zum 31. Dezember 1656 reichen.

Weil Paul Gerhardt nun endlich über einen gesicherten Lebensunterhalt verfügt, kann er um die Hand von Anna Maria Berthold, der jüngsten Tochter eines Berliner Kammergerichtsadvokaten, anhalten, die er als Hauslehrer der Familie kennen gelernt hat. Im Februar 1655 lassen sich die beiden in Berlin trauen. Ihre Tochter Maria Elisabeth erblickt das Licht der Welt im Mai 1656; doch sie stirbt schon bald. Die Trauer der Eltern ist groß; die noch heute im rechten Seitenschiff dieser Kirche auffindbare Gedächtnistafel für das im ersten Lebensjahr verstorbene Töchterlein trägt die bittere biblische Widmung: *Wenig und böse ist die Zeit meines Lebens*. Dieses Bibelwort deutet an, wie schmerzlich es für das Ehepaar gewesen sein muss, das geliebte Kind zu verlieren. Vielleicht trägt diese Erfahrung dazu bei, dass Paul Gerhardt sich im Mai des für ihn so schrecklich begonnenen Jahres nach Berlin an die St. Nicolai-Kirche rufen lässt. Aber er hinterlässt viele Zeichen eines ungebrochenen Vertrauens zu Gott. Ihm hat er ganz besonders an den Tiefpunkten seines Lebens einen unvergesslichen Ausdruck gegeben.

III.

Paul Gerhardt in Mittenwalde – Johann Sebastian Bach in Leipzig. Wir schreiben das Jahr 1723: Der alte Thomaskantor Johann Kuhnau ist bereits im Sommer des vorangehenden Jahres gestorben; seitdem ist das Amt unbesetzt. Die Benennung eines neuen Thomaskantors ist Sache des Rates der Stadt. Die Herren Bürgermeister sind zwar alle studiert, weise und weltgewandt, verstehen aber nicht viel von Musik. Sie hätten am liebsten einen Leipziger, oder wenigstens einen, den man in Leipzig kennt. Für die Stelle wird schließlich jemand favorisiert, der zwar nicht aus Leipzig stammt, sich aber doch auch schon in dieser Stadt einen Namen gemacht hat: der Komponist Georg Philipp Telemann, Kantor und Musikdirektor der vier Hauptkirchen in Hamburg, „weil er nun wegen seiner Music in der Welt bekant wäre", so das Ratsprotokoll. Doch Telemann sagt kurzfristig ab, da seine Entlohnung in Hamburg um 400 Taler erhöht wird. Also wird das Amt einer Reihe weiterer Kandidaten angeboten, die ich hier nicht im einzelnen aufzählen will. Schließlich landet man mit diesen Bemühungen bei dem hochfürstlichen Kapellmeister zu Köthen, Johann Sebastian Bach. Gern wird dazu der Kommentar eines Ratsherrn zitiert: „da man nun die Besten nicht bekommen könne, so müsse man mittlere nehmen." Die Äußerung zeigt, dass sich die Begeisterung des Rates über diese Entwicklung, aber eben auch seine Urteilskraft in musikalischen Fragen in Grenzen hält.

Am 19. April 1723 unterschreibt Bach einen Revers, in dem er sich bereit erklärt, im Fall seiner Wahl einen Entlassungsschein aus seiner alten Stelle mitzubringen, seine Lehrtätigkeit an der Thomasschule gewissenhaft zu verrichten, nach Bedarf Gesangsunterricht zu erteilen, kein zusätzliches Geld zu fordern, sollte er sich beim Lateinunterricht vertreten lassen, kein Universitätsamt anzunehmen, und Leipzig nicht ohne ausdrückliche Erlaubnis des Rates zu verlassen. Außerdem erteilt der Rat die Auflage: „zu Beybehaltung guter Ordnung in den Kirchen die Music dergestalt ein(zu)richten, daß sie nicht zulang währen, auch also beschaffen seyn möge, damit sie nicht opernhafftig herauskomme, sondern die Zuhörer vielmehr zur Andacht aufmuntere."

Drei Tage später wählt der Rat Bach einstimmig zum Thomaskantor; am 5. Mai 1723 wird er schließlich, im Alter von achtunddreißig Jahren, in der großen Schulstube in sein neues Amt eingeführt. Zuvor musste sich der neue Kantor in einer Glaubensprüfung als firm in orthodoxer Theologie erweisen.

Die Thomasschule ist eine Armenschule mit Internat, und gerade vor Bachs Dienstantritt in erbärmlichem Zustand. Schon sein Vorgänger klagte, dass alle Schüler die Krätze hätten und der Chorgesang darunter leiden müsse. Seit über 200 Jahren wurde an dem Gebäude nichts gemacht – der Rat überlässt es seinem langsamen Verfall. Bachs Kollege, der Magister Pezold weist darauf hin, dass Ratten und Mäuse in solcher Menge auf der Thomas-Schule angetroffen werden, dass sie auch am hellen Tage hervor kämen, ja um 1 Uhr Nachmittags mitten auf der Schultreppe zu betrachten seien.

IV.

Unter solchen Bedingungen entsteht Bachs wunderbare Musik; unter solchen Bedingungen verleiht er Paul Gerhardts Worten Töne. Weithin bekannt ist, wie das in der Matthäus-Passion geschieht: *O Haupt voll Blut und Wunden, / voll Schmerz und voller Hohn, / o Haupt, zum Spott gebunden / mit einer Dornenkron.* Weniger bekannt ist, wie Johann Sebastian Bach einer ganzen Kantate ein Lied Paul Gerhardts zu Grunde gelegt hat. Deren ersten Teil haben wir vor der Predigt gehört. Die Kantate wurde für den 28. Januar 1725 komponiert. Sie stammt aus der Zeit der Ratten und Mäuse auf der Schultreppe. Sie gehört zu dem von Bach 1724/1725 geschaffenen Leipziger Jahrgang von Choralkantaten, die wohl das umfassendste Projekt im Werk des Komponisten überhaupt darstellen. Es ist die einzige Kantate Johann Sebastian Bachs, die in ihrem gesamten Text von einem Lied Paul Gerhardts bestimmt ist. *Ich hab in Gottes Herz und Sinn / mein Herz und Sinn ergeben; / was böse scheint, ist mir Gewinn, / der*

Tod selbst ist mein Leben. Da dieses Lied in unserem Gesangbuch nicht enthalten ist, ist es ein umso größeres Geschenk, ihm in der Vertonung von Johann Sebastian Bach zu begegnen, der die Melodie des Liedes *Was mein Gott will, gescheh allzeit* zu Grunde liegt.

Ein unbekannter Zeitgenosse Bachs hat Paul Gerhardts Worte mit eigenen Worten verschränkt. In besonderer Weise geschieht das in der zweiten Strophe. Paul Gerhardts Text für diese Strophe heißt: *Das kann mir fehlen nimmermehr, / mein Vater muss mich lieben. / Wenn er mich auch gleich wirft ins Meer, / so will er mich nur üben / und mein Gemüt / in seiner Güt / gewöhnen, fest zu stehen. / Halt ich dann stand, / weiß seine Hand / mich wieder zu erhöhen.*

Dicht sind die Bilder, wie wir das nur von Paul Gerhardt kennen. Ausweglos wird das Schicksal geschildert; immer wieder gilt ihm die Tiefe des Meers dafür als Beispiel. Denn dieses Bild macht besonders deutlich, dass wir uns nicht selber retten können, sondern allein von einer anderen Hand, von der Hand Gottes Rettung erhoffen können. Inhaltlich und musikalisch stehen diese Worte wie Felsen des Vertrauens in den Wirbeln der Anfechtung, die durch die kommentierende Musik aufbranden.

Ein Grundthema christlicher Frömmigkeit kommt in Wort und Musik zu einem unnachahmlichen Ausdruck. Der Weg aus den Tiefen des Glaubenszweifels ins Freie einer unerschütterlichen Hoffnung wird gezeichnet. Inmitten noch so tosender Wasser wird der Anker des Gottvertrauens ausgeworfen. Dietrich Bonhoeffer wird später diese Gewissheit wieder aufnehmen, wenn er bekennt: „Ich glaube, dass Gott aus allem, auch aus dem Bösesten, Gutes entstehen lassen kann und will. Dafür braucht er Menschen, die sich alle Dinge zum Besten dienen lassen. Ich glaube, dass Gott uns in jeder Notlage soviel Widerstandskraft geben will, wie wir brauchen. Aber er gibt sie nicht im voraus, damit wir uns nicht auf uns selbst, sondern allein auf ihn verlassen. In solchem Glauben müsste alle Angst vor der Zukunft überwunden sein."

Das ist der Grundton schon bei Paul Gerhardt. Dass Gottvertrauen uns in den Höhen wie in den Tiefen unseres Lebens, in seiner Mitte wie an seinen Grenzen trägt, lässt sich bei ihm lernen und durch seine Lieder einüben. Dieser Ton prägt das ganze Lied Paul Gerhardts – bis hin zu seiner Schlussstrophe, mit der auch Johann Sebastian Bachs Kantate endet: *Soll ich denn auch des Todes Weg / und finstre Straße reisen, / wohlan, so tret ich Bahn und Steg, / den mir dein Augen weisen. / Du bist mein Hirt, / der alles wird / zu solchem Ende kehren, / dass ich einmal / in deinem Saal / dich ewig möge ehren.* Amen.

Diese Predigt wurde am 18. Sonntag nach Trinitatis, dem 7. Oktober 2007, in der St.-Moritz-Kirche zu Mittenwalde gehalten.

Ist Gott für mich

Reformationsfest

Ich lebe gern in Berlin. In unserer Stadt kann man sich wohl fühlen. Doch jedes Jahr im Oktober überfällt mich eine gewisse Wehmut. Am 31. Oktober wäre ich lieber ein Bürger Brandenburgs. Denn Brandenburg achtet den Reformationstag; er ist als arbeitsfreier Feiertag gesetzlich geschützt. Die Berlinerinnen und Berliner müssen dagegen an diesem Tag arbeiten. Umso größer ist meine Freude über die gut gefüllten Berliner Kirchen am Reformationstag. Aber noch größer wäre diese Freude, wenn die Berlinerinnen und Berliner am Vormittag wie am Abend des Reformationstags den Gottesdienst besuchen könnten, ohne mit ihren beruflichen Pflichten in Konflikt zu geraten.

Aber der erste und wichtigste Schritt dazu liegt bei uns selbst. Es ist an uns, die Glaubensglut wieder zu entdecken, die durch Martin Luther und die Reformation geweckt wurde. Es ist an uns, neu zu würdigen, worin die ökumenische Bedeutung der Reformation besteht. Es ist an uns, evangelisch Kirche zu sein und dadurch unseren Beitrag zum gemeinsamen Zeugnis der Christenheit zu leisten. Dadurch nämlich gewinnt der Reformationstag Gehalt und Leuchtkraft.

Dazu werden wir heutzutage aufgefordert durch Menschen, von denen wir das gar nicht erwartet hätten. Einer, der neudeutsch als Comedian bezeichnet wird, spricht solche Erwartungen aus, indem er von seinen Reisen berichtet. „Ich bin dann mal weg" heißt sein Reisetagebuch, in dem er von seinen Erfahrungen auf dem Jakobsweg erzählt. In diesem Buch schreibt er uns Christen Folgendes ins Stammbuch: „Gott ist für mich so eine Art hervorragender Film wie ‚Ghandi', mehrfach preisgekrönt und großartig! Und die Amtskirche ist lediglich das Dorfkino, in dem das Meisterwerk gezeigt wird. Die Projektionsfläche für Gott." Ich gebe zu, das ist ein ungewohntes Kirchenverständnis; in den Perspektivpapieren unserer Kirche habe ich das so plastisch noch nicht gelesen. Ungewohnt, freilich auch ein bisschen ernüchternd ist die Beschreibung dieses „Dorfkinos", als das unser reisender Autor die „Amtskirche" sieht. „Die Leinwand hängt leider schief, ist verknittert, vergilbt und hat Löcher. Die Lautsprecher knistern, manchmal fallen sie ganz aus oder man muss irgendwelche nervigen Durchsagen während der Vorführung anhören ... Kein Vergnügen wahrscheinlich, sich einen Kassenknüller unter solchen Umständen ansehen zu müssen. Viele werden rausgehen und sagen: ‚Ein schlechter Film'. Wer aber genau hinsieht, erahnt, dass es sich doch um ein einzigartiges Meisterwerk handelt ... Leinwand und Lautsprecher geben nur das wieder, wozu sie in der Lage sind. Das ist menschlich. Gott ist der Film und die Kirche ist das

Kino, in dem er läuft … Und vielleicht spielen wir ja mit!"

Hape Kerkeling – er ist der Autor dieses religiösen Bestsellers – sagt: Ihr habt einen grandiosen Schatz, ein einzigartiges Meisterwerk. Er bestätigt uns, dass wir auf der richtigen Spur sind und, um in seinem Bild zu bleiben, den richtigen Film in unseren „Dorfkinos" zeigen. Ja, er weist uns auch auf Qualitätsmängel in der Wiedergabe hin und erbittet von uns mehr Professionalität, damit die uns anvertraute Meistererzählung mehr Menschen erreicht und begeistert.

Dabei brauchen wir uns nicht zu verstecken. Wir haben starke Ausdrucksformen für das, was in der Reformation neu entdeckt wurde: die verwandelnde Kraft der Gnade Gottes. Große Lieder sind eine dieser Ausdrucksformen. Wieder und wieder werden sie gesungen. „Ein feste Burg ist unser Gott" bleibt ein unvergleichliches Beispiel dafür – das Reformationslied Martin Luthers. Nahezu in jedem Reformationsgottesdienst singen wir es. Nur in diesem nicht. Was ist der Grund?

In diesem Jahr richten wir unsere Aufmerksamkeit auf ein anderes Lied, das durchaus auch ein Reformationslied genannt werden kann. Die ersten Strophen dieses Liedes sind schon erklungen: *Ist Gott für mich, so trete / gleich alles wider mich; / so oft ich ruf und bete, / weicht alles hinter sich.* Paul Gerhardt verdanken wir dieses Lied, in dem die Freiheit eines Christenmenschen einen so starken und überzeugenden Ausdruck findet.

Wie in vielen seiner Lieder hält der Dichter sich ganz eng an einen zentralen biblischen Abschnitt. Er stammt aus dem Römerbrief des Apostels Paulus, den man mit Fug und Recht als den biblischen Grundtext der Reformation überhaupt bezeichnen kann. *Ist Gott für uns, wer mag wider uns sein? Der auch seinen eigenen Sohn nicht verschont hat, sondern hat ihn für uns alle dahingegeben – wie sollte er uns mit ihm nicht alles schenken?* Wir haben diese Sätze aus dem Römerbrief vorhin gehört.

Viele Jahre hat Martin Luther der Auslegung dieses Briefs gewidmet. An ihm hat er die entscheidende reformatorische Entdeckung gemacht: Nicht wir erwerben uns die Gerechtigkeit vor Gott; sondern Gott selbst lässt uns an seiner Gerechtigkeit teilhaben, weil er uns durch das Opfer seines Sohnes alles schenkt, was wir brauchen – allein aus Gnade, die wir niemals aus eigener Kraft erwerben und erlangen können.

Aus diesem Geist des Römerbriefs bezieht die evangelische Gestalt des christlichen Glaubens ihre Kraft. Aus diesem Geist veröffentlichte Martin Luther am 31. Oktober 1517 seine 95 Thesen. Er wollte die Kirche zu ihrem Ursprung rufen. Denn die Kirche Jesu Christi hat nicht etwa die Aufgabe, auf sich selbst aufmerksam zu machen, sondern auf das Ereignis, in dem Gott sich selbst ins Spiel bringt und durch das wir „Erlöste des Herrn" genannt werden.

Damals verweigerte sich Rom der Erneuerung. Auch durch die Androhung des päpstlichen Banns ließ Luther sich nicht von seinen Überzeugungen abbringen. Dafür sei Gott gedankt. Was wahr ist, muss auch gesagt werden dürfen. Viele erinnern sich an Luthers Sätze wenige Jahre später in Worms: „Hier stehe ich. Ich kann nicht anders. Gott helfe mir. Amen." Und wir erinnern uns auch daran, dass Martin Luther die Synchronisierung des „Films", für den wir als Kirche immer wieder die Projektionsfläche sein wollen, ermöglicht hat. Er hat die Heilige Schrift in die deutsche Sprache übertragen und dadurch dem Inhalt der Bibel alle Autorität zuerkannt: Sola scriptura – allein die Schrift.

Der Harlekin und TV-Moderator unserer Tage und Martin Luther sagen es uns je auf ihre Weise: Bleibt dran! Besinnt euch auf den Kern eurer Botschaft, auf die tragende Wurzel. Alles kommt darauf an, dass wir am Wort bleiben, auch wenn es sich als sperrig erweist, selbst dann, wenn wir uns einige Zeit mühen, bis es wieder zum Klingen kommt. Nur so bleiben wir eine reformatorische Kirche, eine katholische Kirche, die durch die Reformation gegangen ist, eine Kirche des Evangeliums. Beharrlichkeit zeigt Wirkung. Wer sich gemeinsam mit anderen über die Heilige Schrift beugt, wird spüren, dass Gottes Geist uns in sein Kraftfeld zieht, überrascht und begeistert. Die Worte von einst sind wieder da – alt vertraut und doch ganz neu.

Paul Gerhardt war ein leidenschaftlicher Anhänger Martin Luthers. In Gräfenhainichen, ganz nah bei Martin Luthers Wittenberg, wurde er vor vierhundert Jahren geboren. Als die evangelische Kirche das einhundertste Jubiläum des Thesenanschlags an der Wittenberger Schlosskirche feierte, war Paul Gerhardt ein zehnjähriger Junge. Ein Jahr später brach der Dreißigjährige Krieg aus, in dem auch die ungeklärten Konfessionsfragen eine bedrückende, ja unselige Rolle spielten. Immer wieder stand auch Paul Gerhardt vor der Frage, die schon Martin Luther umgetrieben hatte: „Wie finde ich einen gnädigen Gott?" Er durchlitt auf seine Weise die große Spannung zwischen der Zusage des Glaubens und den gnadenlosen Lebenserfahrungen seiner Generation.

Auf einmalige und unvergleichliche Weise brachte er die Gnade Gottes zum Leuchten, die uns aufrichtet. Unvergesslich besang er Jesus Christus als die Sonne, die Licht in unser Leben bringt. Der Rechtfertigung allein aus Gnade, die Martin Luther wieder entdeckt hatte, hauchte er auf diese Weise Leben ein. Niemand, der sich an Paul Gerhardt hält, kann in dem Vertrauen auf Gottes zurechtbringende Gnade eine trockene „Rechtfertigungslehre" sehen; vielmehr begegnet dieses Vertrauen als eine Kraft, die unserem Leben eine klare Richtung weist. Sie besingt er in unserem Lied mit folgenden Worten:

Mein Jesus ist mein Ehre, / mein Glanz und schönes Licht. / Wenn der nicht in mir wäre, / so dürft und könnt ich nicht / vor Gottes Augen stehen / und vor dem Sternensitz; / ich müsste stracks vergehen / wie Wachs in Feuershitz.

Wer so singt, atmet auf. Du bist befreit. Satan und Hölle – oder wie immer man die gottlosen Gewalten nennen will – haben keine Macht mehr über dich. Jetzt zählt nur noch die Gemeinschaft mit Gott, zu der Christus den Weg bahnt. Deshalb kannst du aufatmen. Trotz deiner Schuld spricht Gott dich gerecht. So unannehmbar auch ist, was du tust oder was dir widerfährt: Gott nimmt dich an. Deshalb können wir bekennen:

Der, der hat ausgelöschet, / was mit sich führt den Tod; / der ist's, der mich rein wäschet, / macht schneeweiß, was ist rot. / In ihm kann ich mich freuen, / hab einen Heldenmut, / darf kein Gerichte scheuen, / wie sonst ein Sünder tut. // Nichts, nichts kann mich verdammen, / nichts nimmt mir meinen Mut: / Die Höll und ihre Flammen / löscht meines Heilands Blut. / Kein Urteil mich erschrecket, / kein Unheil mich betrübt, / weil mich mit Flügeln decket / mein Heiland, der mich liebt.

Welch ein Wechsel wird da beschrieben. Als ein Auslöschen, als ein Reinwaschen wird er dargestellt. Das Rot des Feuers wird durch Jesu Blut gelöscht; und es wandelt sich dabei in das Schneeweiß der Gnade. Die Zuversicht eines Lebens aus Glauben wird hier geschildert, bildkräftig und klar. Nicht selbstgemacht ist der Mut dieses Glaubens; sondern in Christus hat er einen festen Grund. Seine Ohnmacht am Kreuz befreit aus Höllenangst und aus der Übermacht des Unheils. Ich werde hineingenommen in diesen großen Atem des Glaubens.

Unerwartetes Leid kann ich ebenso zur Sprache bringen wie ungeahntes Glück. Das Lied des Glaubens wird so zur ersten Hilfe, im wahrsten Sinn des Wortes. Wenn wir uns auf diese Hilfe einlassen, lernen wir wieder, Gott zu loben und ihm Lieder zu singen. Wir wagen den Schritt hinaus aus den Tretmühlen unseres Lebens – hinein in Gottes Gegenwart, hinein in die Freiheit der Kinder Gottes. Wir erfahren die Rettung allein durch Glauben, allein durchs Bibelwort, allein durch Gottes Erlösungstat in Christus. Unser Singen sagt Ja dazu. Ich lege alles andere aus den Händen und weiß mich in Gottes Güte geborgen. So erfahre ich gelebte Rechtfertigung.

Sein Geist wohnt mir im Herzen, / regieret meinen Sinn, / vertreibet Sorg und Schmerzen, / nimmt allen Kummer hin; / gibt Segen und Gedeihen / dem, was er in mir schafft, / hilft mir das Abba schreien, / aus aller meiner Kraft.

Und der Friede Gottes, der höher ist als alle Vernunft, bewahre eure Herzen und Sinne in Christus Jesus. Amen.

Diese Predigt wurde am Reformationstag, dem 31. Oktober 2007, in der St.-Marien-Kirche zu Berlin gehalten.

Hoff und sei unverzagt

Paul Gerhardt (1607–1676)

I.

*Unverzagt und ohne Grauen
soll ein Christ, wo er ist,
stets sich lassen schauen.
Wollt ihn auch der Tod aufreiben,
soll der Mut dennoch gut
und fein stille bleiben.*

Herausfordernde Sätze sind es, die uns der große evangelische Jubilar dieses Jahres, Paul Gerhardt, ins Stammbuch schreibt. Der Staats- und Domchor hat uns diese Verse eben zugesungen: *unverzagt und ohne Grauen*. Wie gut, dass es die Sprache der Musik gibt. Mit ihrer Hilfe eröffnet Paul Gerhardt eine Perspektive voller Trost und Kraft, die sogar an der Macht des Todes nicht zerschellt.

Solche Worte mitsamt ihrer musikalischen Gestalt können eine große Wirkung entfalten. Dafür nur ein Beispiel: In Stuttgart regierte im 18. Jahrhundert Herzog Karl Eugen verschwenderisch, erpresserisch, unmenschlich und mit absolutistischer Willkür zugleich.

In württembergischen Diensten war damals der Jurist und Dichter Johann Jakob Moser als Landschaftskonsulent tätig. Als gewählter Rechtsbeistand der Ständekammer hatte er die Rechte des Volkes dem Landesfürsten gegenüber zu vertreten. Als der Regent „unbegrenzten und uneingeschränkten Gehorsam" forderte, bezichtigte Moser ihn öffentlich der Tyrannei und wurde deshalb von allerhöchster Stelle vorgeladen. Während das Volk um den Ausgang des Verfahrens bangte, trat Moser in das herzogliche Kabinett und zitierte Paul Gerhardt: *Unverzagt und ohne Grauen soll ein Christ, wo er ist, stets sich lassen schauen.* Das hielt den Herzog freilich nicht davon ab, den renitenten Juristen zu fünfjähriger Haft zu verurteilen; dank eines kaiserlichen Befehls wurde er jedoch vorzeitig entlassen, woraufhin ihm die Bevölkerung einen triumphalen Empfang bereitete.

In Württemberg machte Mosers Paul-Gerhardt-Zitat damals die Runde. Man nannte ihn deshalb auch selbst: *Unverzagt und ohne Grauen.* Ein schöner Spitzname, finde ich; geradezu ein Ehrentitel – für Politikerinnen und Politiker zum Beispiel.

II.

Hoff, o du arme Seele,
hoff und sei unverzagt!
Gott wird dich aus der Höhle,

da dich der Kummer plagt,
mit großen Gnaden rücken;
erwarte nur die Zeit,
so wirst du schon erblicken
die Sonn der schönsten Freud.

Das Wort *unverzagt* hat es Paul Gerhardt angetan. *Hoff und sei unverzagt.* Das klingt nach einem Leitmotiv – für ihn wie für uns. Vor 400 Jahren wurde er geboren – in Gräfenhainichen, wie ich zugeben muss, obwohl das weder in Berlin noch in Brandenburg noch in der schlesischen Oberlausitz, sondern bei Wittenberg liegt. Wäre der 1607 dort Geborene nicht bereits 1676 gestorben, sondern lebte er noch heute, so wäre er, wie vor kurzem fachkundig bemerkt wurde, *mit Sicherheit zu den großen Liedermachern weltweit zu zählen.* Barbara Hendricks, die langjährige Parlamentarische Staatssekretärin im Bundesfinanzministerium, sagte das bei der Übergabe der Sonderbriefmarke aus Anlass des 400. Geburtstages Paul Gerhardts in der Berliner Nicolaikirche; dort, wo Paul Gerhardt viele Jahre als Pfarrer tätig war, ist auch die ihm gewidmete Sonderausstellung zu sehen. Ein Popstar würde er heute genannt; noch heute gehören seine Lieder neben Grimms Märchen und Luthers Bibelübersetzung zu den bekanntesten Texten deutscher Sprache überhaupt.

Seine Lieder haben bei Johann Sebastian Bach Aufnahme gefunden, zum Beispiel im Weihnachtsoratorium oder in der Matthäuspassion. Komponisten wie Max Reger, Hugo Distler und Ernst Pepping haben sich Liedern Paul Gerhardts gewidmet. Dichter und Schriftsteller wie Matthias Claudius und Theodor Fontane sind von ihm beeinflusst. Günter Grass stellt sich sogar vor, die Wirtin Libuschka, die im Jahre 1647 das *Treffen in Telgte* beherbergt haben soll, habe Liedstrophen von Paul Gerhardt auswendig aufsagen können. Das war freilich damals noch unwahrscheinlicher, als es bei Gastwirten oder Gastwirtinnen heute wäre. Denn 1647 wurden gerade Gerhardts erste Lieder in Berlin veröffentlicht. Ob die Wirtin Libuschka das wirklich so schnell gemerkt hat?

Aber andere Autoren unserer Zeit standen so im Bann von Paul Gerhardts Lyrik, dass sie sich in ihren Gedichten an ihm abarbeiteten: Bertolt Brecht kam nicht los von *Befiehl du deine Wege*; Robert Gernhardt dichtete, mit der Krebserkrankung kämpfend, *O Haupt voll Blut und Wunden* ebenso nach wie *Geh aus, mein Herz, und suche Freud*. Brechts wie Gernhardts Nachdichtungen lassen einem das Blut in den Adern gefrieren. Aber Gerhardt lebte in mindestens so grausigen Zeiten wie diese Nachgeborenen: Den Dreißigjährigen Krieg durchlitt er; vier seiner fünf Kinder starben ihm hinweg, auch seine Frau. Aber seine Lieder künden nicht von Verzweiflung, sondern vom Vertrauen.

Dass sie das auf außerordentlich eindringliche Weise tun, wurde früh wahrgenommen. Bereits 1663 fanden seine Lieder Eingang in schweizerische Gesangbücher.

Die ersten Übersetzungen ins Französische standen in dem für die Berliner Hugenottengemeinde bestimmten Gesangbuch, das 1722 erschien. Viele seiner Lieder wurden ins Englische übersetzt. Auch fanden sie im Zuge der Missions- und Auswandererbewegung des 19. Jahrhunderts ihren Weg nach Asien, Afrika und Amerika. Heute gehören seine wichtigsten Lieder im deutschen wie im englischen oder französischen Sprachgebiet zum ökumenischen Liedgut.

Zu den Entwicklungen unserer Zeit gehören Übernahmen in den Bereich der Jazz- und Popmusik. Paul Simon hat mit seinem Song „American Tune" 1973 einen eigenen Text mit der Melodie zu Paul Gerhardts *O Haupt voll Blut und Wunden* verbunden. Wie anregend Paul Gerhardts Texte und ihre Vertonung durch Johann Crüger, Johann Ebeling oder Johann Sebastian Bach bis in unsere Tage sind, nehmen wir auch in dieser Stunde wahr.

III.

Heute erinnern wir uns in einem reformiert geprägten Gotteshaus an den eingefleischten Lutheraner Paul Gerhardt. Im Europa des 17. Jahrhunderts erschien manchen Regierenden die reformierte Konfession als fortschrittlicher und politisch zukunftsträchtiger als die lutherische. Solche und auch dynastische Überlegungen mögen den Konfessionswechsel des preußischen Kurfürsten Johann Sigismund von der lutherischen zur reformierten Konfession im Jahr 1613 beeinflusst haben. Aus politischen und ökonomischen Gründen war für seine Nachfolger Toleranz wichtig, nur so konnten sie beispielsweise reformierte Niederländer und hugenottische Flüchtlinge in ihrem mehrheitlich weiterhin lutherisch geprägten Staat ansiedeln; auf diese Ansiedlungen aber waren sie schon wirtschaftlich dringend angewiesen. Sie durchzusetzen rief aber in der lutherischen Opposition Widerstand hervor, der sich mit der Opposition gegen die absolutistische Herrschaftsform verband.

Trotz solcher kritischer, ja außerordentlich delikater Auseinandersetzungen wurde der Kurfürst natürlich weiterhin als von Gott eingesetzte Obrigkeit anerkannt. Doch seine Macht, Paul Gerhardt schärfte das besonders ein, war nur geliehen: *Bist du doch nicht Regente, der alles führen soll. Gott sitzt im Regimente und führet alles wohl.*

Zu Konflikten kam es schon damals für den Fall, dass dem weltlichen Herrscher das religiöse Profil seiner Untertanen zu kämpferisch war, weil dieses Profil nicht mehr in sich wandelnde politische Interessen passte oder weil zusätzliche Maßnahmen nötig erschienen, um die unterschiedlichen Konfessionskulturen zur Koexistenz zu bringen.

Doch staatliche Religionsdiplomatie kann leicht als Eingriff in die Gewissensfreiheit der einzelnen erscheinen. In einer Zeit, in der die evangelischen Geistlichen Staatsbedienstete waren, konnte ein solcher Konflikt

weit reichende Folgen haben. Es legte sich nahe, dem landesherrlichen Kirchenfürsten den Gehorsam zu verweigern, wenn er in unzulässiger Weise in den Glauben oder in das kirchliche Leben einzugreifen suchte. Mit der an ein Jesuswort angelehnten Formel „Dem Kurfürsten, was sein ist, und Gott, was Gottes ist" wurde auf die Unterscheidung zwischen politischer Toleranz und kirchlich-theologischer Klarheit gedrängt. In dem vom Großen Kurfürsten anberaumten Religionsgespräch betonte der Wortführer der lutherischen Seite, zu der auch Paul Gerhardt gehörte, es sei ein großer Unterschied, „einen nicht für einen Bruder aufnehmen wollen im Glaubensbekenntnis und einen gar nicht leiden wollen ... Das letzte ist von uns nie gehört."
Es ging also unter den Bedingungen jener Zeit darum, dass es sich auch dann um einen Dialog, ein Religionsgespräch handelt, wenn man nicht in allen Dingen einer Meinung ist – eine Einsicht, die uns auch bei heutigen Dialogen, bei heutigen Religionsgesprächen nicht ganz unbekannt ist. Standhaft weigerten sich die damaligen Lutheraner, dem Toleranzedikt des Kurfürsten, das die Anerkennung der reformierten Theologie durch die Lutheraner einforderte, zuzustimmen, und stritten für die grundsätzliche Freiheit, die eigene Überzeugung, wenn nötig, auch kontrovers vertreten zu können.
Nachdem die führenden Lutheraner außer Landes gegangen oder mundtot gemacht worden waren, galt Paul Gerhardt als Kopf der Opposition. Um dessen

Absetzung von seiner Stelle in Berlin gab es viel Streit, bis er schließlich im Jahr 1669 als Propst nach Lübben zog; später haben die Berliner das bedauert. Damals lag Lübben in Sachsen; jetzt gehört es zu Brandenburg. Mittenwalde, Berlin, Lübben: Aus heutiger Sicht nimmt diese Berufsbiografie vorweg, was wir unverdrossen erstreben – nämlich die Zusammengehörigkeit von Brandenburg und Berlin.

IV.

Drei Jahrzehnte, nämlich die Jahrzehnte von seinem elften bis zu seinem einundvierzigsten Lebensjahr, verbringt Paul Gerhardt im Krieg. Ein halbes Leben vollzieht sich im Ausnahmezustand mit Angst und Verzweiflung, Verunsicherung und Skepsis, aber auch mit Glauben und Hoffen. Nach dem Krieg sind auch die Seelen der Menschen versehrt. Im Alltag der Katastrophe hat sich die Gottvergessenheit breit gemacht. Unfähig zu trauern und ohne den Trost Gottes stumpften die Überlebenden immer mehr ab und wurden immun gegen jeden Lebenssinn. „Gottlos sind die Alten alt geworden" heißt ein geflügeltes Wort aus jener Zeit. Paul Gerhardt will deswegen mehr als eine Waffenruhe. Er möchte auch Frieden zwischen Gott und den Menschen.

Doch die Sterberate war in den Zeiten der Pest so hoch, dass Menschen in Massengräbern ohne Namen und Ort beerdigt werden mussten, auch ohne Abschiedsrituale; aus dieser Zeit stammt die Redewendung, jemand werde „sang- und klanglos" zu Grabe getragen. So weit nach Liedern gefragt wurde, waren es vor allem Buß-, Trost- und Sterbelieder. Zwar konnte das Singen die körperlichen Symptome nicht zum Verschwinden bringen; aber der Gesundheit der Seele tat es wohl. Deshalb stieg der Bedarf an Liederbüchern gerade in den Zeiten von Pest und Krieg erheblich an.

Für Paul Gerhardt ist das Sterben ein Übergang. Der Tod wird nicht verharmlost, er behält seinen Schrecken. Doch er behält nicht das letzte Wort. Wer die Kunst des Sterbens beherrscht, dem fällt der Übergang leicht; und wieder fällt unser Schlüsselwort: *unverzagt*.

Das schreib dir in dein Herze,
du hochbetrübtes Heer,
bei denen Gram und Schmerze
sich häuft je mehr und mehr;
seid unverzagt, ihr habet
die Hilfe vor der Tür;
der eure Herzen labet
und tröstet, steht allhier.

Das unerschrockene Verhältnis zum Tod ist wohl der Grund dafür, warum Texte Paul Gerhardts den Jesuitenpater Alfred Delp in seiner Gefängniszelle gestärkt und gekräftigt haben. Und Dietrich Bonhoeffer schreibt in seinem ersten Lebenszeichen an seine Eltern aus dem Wehrmachtsuntersuchungsgefängnis Tegel nach seiner Verhaftung im April 1943: „Verzeiht, dass ich Euch Sorgen mache, aber ich glaube, daran bin diesmal weniger ich, als ein widriges Schicksal schuld. Dagegen ist es gut, Paul Gerhardt Lieder zu lesen und auswendig zu lernen, wie ich es jetzt tue." Und am entscheidenden Wendepunkt, nach dem Scheitern des Attentats vom 20. Juli 1944, heißt es gleich im ersten Brief – in dem der Verzweiflung abgerungenen Brief vom 21. Juli 1944: Es kommen „Stunden, in denen man sich mit den unreflektierten Lebens- und Glaubensvorgängen genügen lässt. Dann freut man sich ganz einfach an den Losungen des Tages ... und man kehrt zu den schönen Paul Gerhardtliedern zurück und ist froh über diesen Besitz." Und natürlich ist es auch für Bonhoeffer ein Schlüsselwort – dieses unverzagt:

Unverzagt und ohne Grauen
soll ein Christ, wo er ist,
stets sich lassen schauen.

V.

Paul Gerhardt vermittelt ein Vertrauen zu Gottes Güte, das an der Kränkung, die jedes menschliche Herz erfährt, nicht zerschellt. Dabei verband Paul Gerhardt seine Glaubenszuversicht und seine Kritik an der Obrigkeit mit offener Sozialkritik. Er schuf eine „Poesie von unten"; prophetisch klingt seine Klage, dass Reichtum sich zu schnell mit Unrecht vermählt: *Sei der Verlassenen Vater, der Irrenden Berater, der Unversorgten Gabe, der Armen Gut und Habe.* Sein *Gib dich zufrieden und sei stille* wollte der Geborgenheit in Gott dienen trotz nicht zufrieden stellender Lebenslagen. Seine Lieder wollen dazu helfen, dass Menschen sich auch in Armut und Leid nicht selbst aufgeben.

Dort, wo es um Gottes Zusagen geht, die das Herz fest machen, schlägt Paul Gerhardts Herz. Das Paul-Gerhardt-Jahr ist eine ungeheure Chance dazu, auf das zu hören, *was das Herz fest macht.* Dazu helfen die Lieder Paul Gerhardts, die bekannten wie die unbekannten. Denn auch die unbekannten haben es in sich.

Erst unlängst hat mich der Maler und Grafiker Robert Weber auf ein geradezu verschollenes Gedicht aufmerksam gemacht – ein Gedicht von 18 Strophen, die Robert Weber mit 18 eindrucksvollen Radierungen kommentiert hat. Nur den Beginn dieses Gedichts kann ich hier zitieren:

Du bist ein Mensch, das weißt du wohl,
Was strebst du denn nach Dingen,
Die Gott, der Höchst, alleine soll
Und kann zu Werke bringen?
    Du fährst mit deinem Witz und Sinn
Durch so viel tausend Sorgen hin
Und denkst: wie wills auf Erden
Doch endlich mit mir werden?

Es ist umsonst. Du wirst fürwahr
Mit allem deinem Dichten
Auch nicht ein einzges kleinstes Haar
In aller Welt ausrichten,
   Und dient dein Gram sonst nirgend zu,
Als dass du dich aus deiner Ruh
In Angst und Schmerzen stürzest
Und selbst das Leben kürzest.

Willst du was tun, was Gott gefällt
Und dir zum Heil gedeihet,
So wirf dein Sorgen auf den Held,
Den Erd und Himmel scheuet,
   Und gib dein Leben, Tun und Stand
Nur fröhlich hin in Gottes Hand,
So wird er deinen Sachen
Ein fröhlich Ende machen.

Dass Ihre Sachen ein fröhliches Ende finden, dass all Ihr Tun zu einem guten Ziel findet, das wünsche ich Ihnen von Herzen. Und denke mir dabei, dass manches noch besser gelingen würde, wenn wir mit Paul Gerhardt das, was wir selbst tun können, beherzt von dem unterscheiden, was wir aus Gottes Hand dankbar hinzunehmen haben.

Diese Rede wurde zum Johannisempfang der Evangelischen Kirche in Deutschland am 21. Juni 2007 in Berlin gehalten.

Michael Konrad

Ich mään jo blooß

Espresso uff'm Mond
und 54 weitere Kolumnen aus der
RHEINPFALZ am SONNTAG

Karikaturen von Uwe Herrmann

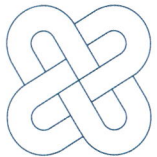

Für B.

INHALTSVERZEICHNIS

VORWORT   7

PÄLZISCH FER PROFIS   11
De Ding 11 | Landstrooße-Blues 13
Alles odder nix 16 | Wie du mir … 17
Es schäänschde Wort 20 | Schiergar … 22
Imättschwerwung 23 | Mir Pienser 25

DIE MITBEWOHNERIN   27
Rock my Soul 27 | Gaardeteich 21 29
E ganz anneri Welt 32 | Schicksalsmelodie 33
Allää dehääm 35 | Schissel in de Schissel 37
E Mammut-Uffgaab 39 | Bettg'flischter 41

ALLES FERZ   43
Indiskret 43 | Jan-Julius Cäsar 45
Nockewellepositionssensor 47 | TV-Duell 49
Espresso uff'm Mond 51

DANNDE LIESEL   53
Ohne Worte 53 | Immer in Beweechung bleiwe 55
Es Dannde-Liesel-Geheimnis 57
Liewesgrieß aus X. 59 | Rache isch Blutworscht 61

BOLLEDIGG   63
Aus Dreck mach Geld 63

Pjöngjang vs. Woschington 65 | Krieg der Säcke 67

Strom fers Fantom 70 | En Traum vun Eiroba 72

Indegrations-Dischbedierei 74

Fußball un Gewalt 75 | De schääne Rainer 77

MEIN KUMBEL FRED   79
Männel vs. Männel 79 | Die Mutproob 81

Känn Pilz em Feind 83 | Alles Fiktion 85

DEHÄÄMRUM   87
De Grill-Profi 87 | De Fall Grabowsky 90

En Traum vun Technik 92 | Die Kättkämm 94

De Määschder 95 | En Dampfknobb? 97

Zwelf Uhr middaachs 99

Spieleoowend (80er-Version) 102

WEISHEIT FER AAFÄNGER   104
De Paschdeede-Kodex 104 | Sex! Bomb! 106

En Weck-Ruf 107 | Backe mer's! 109

Wie's Lääwe so schbült 111 | In de fremde Stadt 113

Alles in Ordnung 115 | Drummelschdunn 117

Es Rotwei-Komplott 119

VORWORT

Ä Männel's World
Ein Vorwort von Michael Bauer

Man kann viel mit der Pfälzer Mundart anstellen, sie ist geduldiger als Papier. Sie wurde zu sentimentalen Landschafts- und Kindheitsverklärungen benutzt. Aus ihr wurde auch schon Farbe angerührt, um die wohlfeile Marketenderin Xenophobie grellbunt anzumalen. Peinliche politische Überkorrektheit wurde mit ihrer Hilfe praktiziert. Auch der eine oder andere reißende Wolf hat sie als Kreide der Harmlosigkeit gefressen. Und all diese Formen der literarischen Mundartnutzung sind schon zu Ehren gekommen.

Michael Konrads Mundartverwendung hat keinen ideologischen Anstrich. Er gehört der Generation der Nachachtundsechziger an. Das heißt: Ein paar notwendige Schlachten sind vor seiner Zeit oder zu seiner frühen Jugendzeit schon geschlagen worden. Seine Kunstsprache ist nicht harmlos, nicht sentimental und nicht verklärend. Sie ist politisch zugleich neutral und rotzfrech. Philologisch nicht eng geführt, sondern von freier, zum Teil wilder, Improvisation bestimmt.

Michael Konrad hat eine vor Sprache strotzende, namenlose Figur entwickelt. Obwohl sie hie und da die eine oder andere Eigenschaft des Autors aufweist, darf diese literarische Figur nicht mit ihm verwechselt werden. Es ist eine groteske Figur. Sie ist umgeben von den Realien und Gegebenheiten eines landläufigen Durchschnitts-Alltags. Sie lebt, leidet, klagt und flucht sich durch eine Welt voller zum Teil hoch komisch wirkender Bedrohungen. Umstellt von Tanten und Ignoranten. Heimtückischen Hausmäusen und sinnlosen kleinbürgerlichen Lebensregeln. Sie sieht sich einer so genannten Mitbewohnerin ausgesetzt, die in gefühlt ätzender Weise auf Anpassung und Normalität dringt.

Der Traum des kleinen von Konrad geschaffenen Berserkers ist der Traum vom freien Leben. Die Utensilien dazu sind, wenn überhaupt, dann im Hage-Baumarkt zu finden. Das Heiligtum dieser Figur, sein Zendo gewissermaßen, ist der Hobbykeller, in dessen waberndem Chaos Kultgegenstände wie unglaublich leistungsfähige Bohrmaschinen ihrer Verwendung harren. Von hypochondrischen Visionen durchsetzt, kreisen die Gedanken dieser Figur um das Ideal der persönlichen Ellbogen-Freiheit: This is a Männel's world.

Die Pfalz. Eine häufig gefesselte, immer eingeengte Region. Vom Wein befeuerte Freiheitsphantasien. Große Weltentwürfe, die nix werden oder ganz anders oder furchtbar schiefgehen. Die Pfalz. Meist ein Land in Not. Ihren kraftstrotzenden bis kraftmeierischen Männern blieb oft nur das Abhauen oder das um sich Hauen. Der Gestus des so genannten Pfälzischen ist oft ein lauthals kommentierter Pragmatismus des Alltags.

Und aus diesem Stoff scheint mir Konrads Figur zu sein. Er legt sie komisch an: Macht sie aber auch einfühlbar. Er hält eine feine Distanz zu ihr. Auch wenn er sie in der ersten Person inszeniert.

Konrad greift auf eine ihm geläufige, im Bodensatz der Volkskultur vorhandene Sprach- und Spruchweisheit zurück, die Peter Rühmkorf als das Volksvermögen bezeichnete. Ein schöner Gedanke: Sprache als Vermögen, das man mehren und frei verschenken kann und das man nicht gierig an der Steuer vorbei in die Schweiz schleusen muss. Ein Vermögen, das munter Zinsen trägt und darin besteht, in tiefster und bilderreichster Respektlosigkeit von den sogenannten bedeutenden Dingen des Lebens zu sprechen.

Das Pfälzische sei eine schreiende, eine geschriene Mundart, sagte einst Freiherr von Knigge. Und Konrad lässt sie schreien und lamentieren. Er musikalisiert sie aber auch. Und lässt uns zuschauen, wie dabei Breitwand-Cinemascope-Sprachkino entsteht. Er verstärkt ihre sinnlichen, die klingenden und farbigen Dimensionen der Sprache. Und er lädt sie Sonntag für Sonntag neu auf. Mit markanten Plots. Mit spannungsvollen Dialogformen und steigernd aufgebauten Monologen. Und nie ohne jene kunstvolle Schlusswendung, die so einfach anmutet und für die es das berühmte Händchen braucht: die Pointe.

Muss man einen Mundarttext laut lesen, um seine volle Blume zu erfahren? Viele behaupten, das sei generell so. Ich finde, im Falle von Michael Konrads Texten gilt das nicht unbedingt. Von seiner Art der Verschriftlichung der Urlaute führt ein direkter Draht an die Enden unserer Anklangsnerven. Er überflutet mit seiner eigenständigen Phonetik das Satzbild. Manchmal platzt die Sprache von Comic-Texten daraus hervor. Die Mündlichkeit ist in der Druckerschwärze schon mit enthalten. Schreibweisen tauchen auf, die einem Mundart-Orthographen den apokalyptischen Schrecken einjagen können.

Michael Konrad: Kann man sagen, dass er die pfälzische Mundart liebt? Die Mundart ist keine Frau. Sie hat letztlich keine menschlichen Eigenschaften. Sie ist eine Sprach- und Gemütsfarbe, die man in allen möglichen redlichen und unredlichen Mischungen und Verdünnungen und zu allen möglichen Zwecken benutzen kann. Zum Schmuck wie zur Tarnung, zu Schimpf und Verehrung.

Aber wenn von Liebe zur Mundart nun mal die Rede ist, dann müssen wir im Fall Konrads nicht von zarten Anwandlungen und gehauchten Schwüren sprechen. Sondern von zupackenden Umarmungen und heftigen Zungenküssen.

Michael Bauer ist Autor und Dramaturg aus Herxheim bei Landau.

Dieses Vorwort ist Teil einer Rede, die Michael Bauer im April 2013 in Bockenheim hielt, als Michael Konrad für seine Verdienste um die Pfälzer Mundart der Preis der Emichsburg verliehen wurde.

PÄLZISCH FER PROFIS

De Ding

„Die Daache hawwich de Ding gedroffe, un der hot mer verzehlt …"

„De Ding?"

„A, du wäascht doch! De Ding! De Kusäng vum Ding, wu bei de Daimler g'schafft hot in de Umberääfung. Der middem Schnorres."

„Du määnscht de Schwoocher vum Ding, wu im Kechelverei vun X. de Kassier gemacht hot, bis die Erna gemerkt hot, dass er …"

„Nä. Des isch de Ding, wu bei de Anneliese in de Eiliecherwohnung gewohnt hot. Dämm isch doch die Fraa devu."

„Die Els."

„Nit die Els! Die Ding, wu beim Harry im Schuhg'schäfft bedient hot. Jesses, wie hääßt se dann …"

„Ah joo, die Ding, die …, die … , die …. Ding. Hot die nit ebbes g'hatt middem Ding?"

„Du määnscht die Marlies."

„Was fer e Marlies?"

„A, die Marlies. Die Schweschder vum Ding. Du wäascht doch, de Ding middem scheele Blick, willemoolsaache."

„Ja, de Ding. Dänn mään ich nit. Dänn hawwich vor drei Johr in Mallorga gedroffe, der war do middem … Ding. Em Ding. Jesses, de Polier vum Ding. Wu gebaut hot. Nääwerm Ding …"

„Des Rieseding, wu se in fünf Woche nuffgezoche hänn, un dann isch der ganze Schambes …."

„Nää, Kerl! Jetzt heer doch emol zu. Ich redd vum Ding. Der wu dänn Riesehuddel g'hatt hot middem Ding, weil sei Freckling die Fisch im Gaardeweiher vum Ding mit …"

„Du määnscht de Erwin!"

„Nit de Erwin. De Erwin wohnt doch noch bei seine Mudder. De Ding, der war doch mit uns in de Schuul. Wääscht nimmi, der hot doch emool in Reli die Knallfresch …"

„Des war nit de Ding. Des war de Ding, de Bruder vum …, vum …., vum …"

„Vum Ding!"

„Ja, genau, vum Ding."

„So en Dollbohrer."

„Do hoscht gut recht."*

---

* Aus: „Kommunikation auf Pfälzisch: ein Ausnahmezustand", Landau, 2011. Vor Drucklegung vergriffen. Zum Glück. Ich mään jo blooß.

Landstrooße-Blues

Zuckel duckel ruckel brems,
knodder gnewwer motz,
brabbel bebber moser grunz.
Ja, ich glaab, ich kotz!

Bulldogg uff de Vorfahrtsstrooß,
halwer uff de Mitt,
hinne noch zwää Hänger draa
– hääm kumm ich heit nit.

Zuckel duckel ruckel brems,
knodder gnewwer motz,
brabbel bebber moser grunz.
Ja, ich glaab, ich kotz!

Zwannzich Sache in de Schdunn
schafft der blooß berchnabb,
nuffzuus losst er deitlich nooch.
Dämm g'heert änns uff d' Kapp!

Zuckel duckel ruckel brems,
knodder gnewwer motz,
brabbel bebber moser grunz.
Ja, ich glaab, ich kotz!

„Landwirtschaftlicher Verkehr"
hääßt des offiziell.
Doch die Feldwääch, die sinn leer.
Des isch kriminell!

Zuckel duckel ruckel brems.
knodder gnewwer motz.
brabbel bebber moser grunz.
Ja, ich glaab, ich kotz!

Klari Sach, ich habb kä Wahl:
Sowas g'heert in Haft!
Ich geh' bis zum Brässident
vun de Baureschaft!

Zuckel duckel ruckel brems.
knodder gnewwer motz.
brabbel bebber moser grunz.
Ja, ich glaab, ich kotz!

Er biecht ab. Ich blärr'em nooch:
„Strooße-Terrorischt!"
– un vor'm Bulldogg, ich werr blass,
tuckert en Tourischt.

Nix fer uuguut.* Ich mään jo blooß.

---

* Der Autor war im Spätjahr 2013 wieder auf Pfälzer Landstraßen unterwegs. Das versöhnliche „Nix fer uuguut" am Ende der Kolumne wäre diesen Erfahrungen beinahe zum Opfer gefallen. Doch der Pfalztourismus darf natürlich nicht gefährdet werden.

Alles odder nix

Folschendes:

Wann en Pälzer „Folschendes:" saacht, dann geht mer besser in Deckung. Dann macht mer sich klää, guckt vorsichdich vun unne raus un verschafft sich ganz schnell en Iwwerblick, wie mer uff'm direkte Wääch zum neggschde Ausgang kummt. „Folschendes:" isch mindeschdens so g'fehrlich wie e scharfes Messer, was ämme in de Kich aus de Hand rutscht un mit de Kling nooch unne Richdung Middelfuß sterzt; wie e tickendes Paggeed, wu nooch verschmoordem Droht riecht; wie en Aaruf vun de Dannde Liesel.

„Folschendes:" – vorm Folschende g'folscht vun ännre folscheschwere Paus' – will nämmlich saache:

„Ich, Kaiser un Gott, Herrscher aller Reuße, Kind der Sonne, Stein der Weisheit, habb mer ebbes iwwerlecht. Un weil ebbes iwwerleche fer mich Grundlaacheforschung isch, philosophischi Betrachdung, schöpferischer Akt un naddierlich e ganz enormi Gewaltaaschdrengung, erwart ich vun dir, du Miggeschiss, dass du jetzt die Händ aus em Sack nämmscht, es Kreiz durchdriggscht, die Ohre aalechscht un zuheerscht – un känn Mucks mä, sunnscht gäbbt's Fäng! Kabbiert??"

Annerscht als „Vergess emool dei Redd nit" dient „Folschendes:" nit dezu, en annere midde aus'm Satz zu reiße. Es geht nit drum, schnell ebbes loszuwerre, weil äm halt grad ebbes in die Sinn kummt. „Folschendes:" isch immer, ausschließlich un in alle Fäll' als Drohung uffzufasse. Mit „Folschendes:" geht's um die Welt un um alles. Um die Zukunft vun de Menschheit. Um Lääwe un Dood. Um die Ewichkeit. Amen.

Was ich saache will: „Folschendes:" isch die g'fehrlichscht Waff' im Pälzer Schbroocharsenal. Es isch kä Schimpfwort, wu mer degeche aastinke kann mit ännre noch diefergehende Beleidichung. Geche „Folschendes:" helft dir ach känn Kampfmiddelraimdienscht. „Folschendes:" verlangt nit mää un nit wännicher wie dei bedingungslosi Kapitulation. Punkt. Aus.

Mol was ganz anneres: Hott jemand Luscht uff e Eis? Ich mään jo blooß.

Wie du mir ...

Aag'fange hot's, wie mein Kumbel Fred mit seine zwää linke Händ en Zimmermannsnachel in de Dachschbarre hot schlache wolle. De Nachel war bis zu de Halmitt drin, do klobbt de Fred denääwe un de Nachel griecht die Kurv. Es geht nix mä vorwärts un nix mä rickwärts.

„Sitz, basst, wackelt un hot Luft", saacht de Fred.
„Die Krumme sinn all nit grad", saach ich.

Mir guggen uns aa, grinsen, un ab dämm Moment war kä Halte mää.

„Es Fundament isch die Basis vun de Grundlaach", saacht de Fred.
„Kummt Zeit, kummt Rot", saach ich.
„Was gut isch geche warm, isch ach gut geche kalt", saacht de Fred.
„Viel helft viel", saach ich.
„Kenn ich nit, schneid ich ab! saacht de Chirurg."
„Esse un trinke halt Leib un Seel zamme."
„Liewer en Bauch vum Esse wie en Buggel vum Schaffe", saacht de Fred.
„Liewer de Maache verrenkt, wie em Wirt was g'schenkt", saach ich.
„Liewer nix schaffe, wie beim Esse gedrickt sitze", saacht de Fred.
„Vun Esse un Trinke hot sich schunn so mancher ernährt."
„Hunger treibt Brotworscht nunner."

Wie die wesentliche Argumente soweit ausgedauscht waren un ich mich innerlich schunn mit ämme Unentschiede abg'funne habb, guckt mich de Fred aa mit dämm ganz schbezielle Blick, wu saacht: Was jetzt? Soll's des schunn gewesst sei, du Feichling?

„De diggschde Bauer hot de greeschde Grumbeere", saach ich.

„Was de Bauer nit kennt, fresst er nit", saacht de Fred.

„Alles hot e End, blooß die Worscht hot zwää", saach ich.

„E reines Gewisse isch e sanftes Ruhekisse", saacht de Fred.

„Dänn Monat senglen se nit"*, saach ich.

Paus.
Strauchelt er? Griech ich'n mit de Sengnessle?
Ja! De Fred strauchelt!
Sieg!!

„De Deiwel isch e Eichhernel", saacht de Fred.
Wu er recht hot, hot er recht. Ich mään jo blooß.

---

* Die Redensart „Dänn Monat senglen se nit" hat einige Fragen nach sich gezogen. Die Geschichte geht so: Eine ältere Vertrauensperson erklärt dem ahnungslosen Kind, dass die Brennesseln „dänn Monat" nicht brennen würden. Wenn das Kind dann reinfasst und natürlich schmerzhaft „versengelt" wird, heißt die Erklärung: „Ich hab nit g'saacht, dass se *dich* nit senglen, sondern dass se *dänn Monat* nit senglen." Sehr witzig.

Es schäändschde Wort

„Un, Dannde Liesel, was isch'n fer dich es schäänschde Wort vun de Palz?", frooch ich.

„Was soll'en des fer en Bleedsinn sei", saacht die Dannde Liesel.

„Mir wählen es schäänschde pälzische Wort", saach ich.

„Ferz mit Krigge", saacht die Dannde Liesel.

„Des sinn drei Werter", saach ich.

„Des sinn Ferz mit Krigge, was ihr do machen", blärrt die Dannde Liesel. Sie werd laut, wammer se falsch versteht. Sie werd ach laut, wammer se richdich verschdeht. Sie werd immer laut, wann ihre ebbes nit basst. Un ihre basst nie ebbes.

„Was basst der dann jetzt schunn widder nit?", frooch ich, de beschde Neffe vun de Welt.

„Mir hänn blooß schääne Werter", saacht die Dannde Liesel.

„Jo, alla", saach ich.

„Zum Beischbiel", saacht se.

„Ich mään … . Vergess es", saach ich.

„Wie soll ich dann so e bleedi Idee widder vergesse?", gnewwert se. „Des isch wie deletzscht, wu se im Fernseh verzehlt hänn, dass mir Rentner kä neie Hiftgelenke mä grieche sollen. Des geht mer seitdämm nimmi aus em Sinn", saacht se.

„Des isch doch Bleedsinn", saach ich.

„Ja! Awwer so en Bleedsinn machen die mit uns!", saacht die Dannde Liesel.

„Dänn Bleedsinn hot blooß jemand verzehlt", saach ich, „des machen die nit. Un dei Hifte sinn doch vollkomme in Ordnung."

„Mir geht des im Kopp rum", beffert die Dannde Liesel. „Un dann kummscht du ach noch mit deim dabbiche schäänschde Wort. Do kinnt ich graad die Gääsegichder grieche!"

„Ach e schäänes Wort", saach ich.

„Wer nit frech, Berschel!" saacht se, wie in jedem G'schbrääch mindeschdens äämool.

„Alder Knodderhaffe", bischber ich.

„Was war des?", saacht die Dannde Liesel, schunn halwer rot vor Zorn.

„Knodderhaffe. Mei schäänschdes Pälzer Wort", saach ich, gedankeschnell wie immer.

„Die sinn all schää", bebbert die Dannde Liesel.

Awwer mansche sinn schääner*. Ich mään jo blooß.

---

* 2012 wählten die Leser der RHEINPFALZ am SONNTAG „alla" zum schönsten pfälzischen Wort, und zwar mit einigem Abstand vor „Noischlubbschlabbe" und „Dibbelschisser".

Schiergar ...

„Die Fraa X. un ihrn Lellebebbel hänn ihr ganzes Gerschdel verbumfiedelt."
„Du määnscht, die hänn de Dalles?"
„Alles verbambuschiert."
„Mei Redd seit anno duwwak: Do isch de Krumbel drin. Pälzer Fieß, Pariser Schickelscher, uff'gscherrt wie die Pingschtochse – do muss jo irchendwann alles die Bach nabb geh."
„Des basst wie en Arsch uff en Äämer."
„Er zieht sich jo sowieso die Hosse mit de Beißzang aa."
„Un ihre kannscht beim Laafe die Schuhbännel zammeknibble."
„Wer bei dänne es letzscht ins Bett geht, der schmeißt's Licht middem Schlabbe aus."
„Heer uff, ich lach glei Breckelscher!"
„Steich mer in die Dasch. Ich fang graad erscht aa."
„Du werscht mer doch känn Raach in de Sack mache wolle?"
„Vun weechen, Herr Deechen. Ich habb die Daache middem Herr Y. e bissel Verzehlsches gemacht. Un der hot mer verggliggert, dass es bei X.ens bimbesmeeßich letzschtjohr schunn schiergar gebeinohdelt hot."
„Kumm, geh fort."

„Wann ich der's saach!"
„Dodebei hänn die immer so e Gelebbdaachs gemacht."
„Velleicht hett dänne emool änner aaschdännich B'scheid stooße misse."
„Denn het die Fraa X. doch dormlich gebabbelt."
„Joo, g'schdrunzt hett se wie e Dutt voll Naggiche."
„Norre Brotz un Brulljes!"
„Alla, mir machen nix mää draa. Robb emool ämme Frosch e Hoor eraus."
„Petz emool ämme Ochs ins Horn."
„Des isch g'hubbst wie närrisch geduu."
„De Mais gepiffe."
„Peifedeggel."

Bei meim Kumbel Fred wohnt graad e Ausdausch-Schielerin vun seine Klää. Aus England. Do gäbbt mer sich sproochlich gern e bissel Mieh. Sie soll jo ebbes lerne. Ich mään jo blooß.

Imättschwerwung

Gemorche. Geht's Ihne gut? Sinn Se bequäm geläche? War's Kisse nit zu hart? Hot de Kaffee g'schmeckt? Ja, des fräät uns doch, gell?

Mir Pälzer missen freindlicher werre. Es geht nit aa, dass mer beim Bäcker statt „Gunndach" glei „E Zwääpinnder Schwarzbrot!" blärren. Un dass mer de Metzgereifachverkaiferin ääfach „Ich griech e Verrdel Läwwerworscht un sechs Scheiwe Bierschinke!" vor de Latz knallen.

Uffg'falle isch des alles de Fraa X. Un jetzt verzehlt se rum, mir Pälzer wären e uufreindliches un maulfaules Volk. Ich muss dezu saache: Die Fraa X. kummt aus Norddeitschland. Un dort, saacht se, wär des alles annerscht. Ich habb se naddierlich ausgelacht, die Fraa X. Bleedsinn, hawwich gsaacht, mir Pälzer sinn lauder Sunnescheinscher, un weltoffe un kommuniggadiiv simmer ach.

Awwer am neggschde Daach hawwich die Proob uffs Exemmbel gemacht. Mit ämme frehliche „Gunndach!" bin ich beim Bäcker die Dier nei. Was soll ich saache? Vun drei Kundinne hänn zwää geglotzt, als wär ich e U-Boot, un die anner hot aag'fange, in ihre Handdasch se kruhschdle (ich nämm aa, nooch'm Pefferschbräh). Die Verkaiferinne war'n unner Schock. Ach Gott, en Verträäder! Des hot uns graad noch g'fehlt ...

Am Samsdaach war ich dann im Pälzerwald. Teschtphase zwää. „Gunndach, die Herrschaffde", hawwich g'saacht, wann mir Leit entgechekumme sinn, un mei Kabb hawwich vum Kobb gezoche. – Es hot nit viel g'fehlt, un jemand hedd die Bollizei gerufe. Die erschde Zwää hänn „Gndch" genuschelt un sich verstohle noch mir rumgedreht, wie se e paar Meeder vorbei waren. E Mudder hot ihrn Sohn uff die anner Seit vum Wääch manneevriert. E Vierergrupp hot demonschdraddiiv mit sich selwer gebabbelt. Un erscht bei de vierte Begeechnung hot änner aaschdännich zurickgegrießt. Nit uff Pälzisch, sondern uff Hochdeitsch, wann ich's Ihne saach. – Maulfaul un uufreindlich – wolle mir Pälzer des uff uns sitze losse?

Alla, uff Widdersehn, gell? En wunnerschääne Sunndach noch. Un en Gruß dehääm! Ich mään jo blooß.

Mir Pienser

Die Daache bei uns uff de Gass. En Mann trefft en annere.

„Unn?"
„Muss."

Des war's. Kä Rumgepiens. Kä Wort zuviel. „Unn?" – „Muss." Un fortgedabbt. Ich bin dänne zwää nooch un habb mer die Ausweise zeiche losse. Pälzer. Ich schwör's.

Ich kenn blooß die anner Sort. Beschdes Beischbiel: Mei Dannde Liesel. Wann Se däre uff de Gass begeechnen, geht des bees aus. Sie hot's nämmlich im Kreiz, die Dannde. Un wann Se nit uffbassen un froochen:

„Unn?"

Dann erfahren Se Zeich, wu Se nie widder verdrängen. Un wann Se Pech hänn, griechen Se's ach noch gezeicht. Es isch nämmlich de Ischias. Der ziiiieht, wann er wehduut – un er duud de Dannde Liesel aarich weh, des missen Se ihre glaawe. Der Ischias also, der ziiiieht, un zwar vum Kreiz nooch rechts unne quer iwwer de ganze Bobbes (die Dannde fahrt in dämm Moment gern mit de Hand iwwer ihrn Hinnerbau, dass es fer Sie schää aaschaulich werd). Er ziiiieht iwwer de ganze Bobbes bis zum Owwerschenkel, der Ischias, der bleede, un trefft dort owwerhalb vum Knie uff die Krampfooder, die saubleed, un des macht dann velleicht weh. „Des stecht, wann ich mich bick, un des beißt, wann ich steh. Wann ich hugg, brennt's wie Feier, un wann ich lich, wääß ich nimmi, ob ich vor lauder Kreizweh mein Lebbdaach noochemool aus em Bett rauskumm." Schbeedeschdens in däre Phase missen Se uubedingt Land gewinne. Ganz b'schunnersch dann, wann die Dannde Liesel ihrn Kiddelschorz aahot. Dänn kann se nämmlich so schnell uff die Seit ziehe, dass … ich erspar' Ihne die Details.

Nooch ihrm Ausweis isch die Dannde jedenfalls noch nie g'frooght worre. Ich mään jo blooß.

DIE MITBEWOHNERIN

Rock mei Soul!

„Un, wie g'fallt der mein neie Rock?", hot die Mitbewohnerin g'froocht.

„Der isch grooßardich", hawwich g'saacht. „Die Farb harmoniert wunderbar mit deine Aache, es Muschder isch modern, awwer nit uffdringlich, un die Läng isch perfekt. Sie unnerstreicht die Form vun deine Owwerschenkel un losst die Knie optimal zur Geldung kumme. Wääscht was? Des Reckel erinnert mich e bissel an des Osoombel, wu die Estefania Rappelderr letzschtjohr uff de Mailänder Modemess vorg'fiehrt hot, des vun Guttschi, kannscht dich noch entsinne? Die hot dezu die Hoor so kuhl hochg'schdeckt g'hatt mit zwää Sushi-Stääbscher, so wie du letzscht, wie mer beim Fred uffem Geburtsdaach waren, wääscht noch? Des werr ich nie vergesse. Des war do, wu du zum erschde Mool des neie Seidebliesel aag'hatt hoscht. Des, wu du so ginnschdich griecht hoscht in däre goldiche Buddigg bei de Kerch. Moof, hääßt der Farbton, gell? Menschenskinner …"

Sie werrn's nit glaawe, awwer seit ich so viel Worte mach, muss ich kä Worte mä mache. Frieher hett ich uff dieselb Frooch vun meine Mitbewohnerin g'saacht: „Gut." Un dann wär's losgange.

„Du hoscht doch gar nit richdich geguckt."
„Doch, hawwich."
„Dann saach halt ebbes."
„Der Rock isch gut, des hawwich doch schunn g'saacht."
„Ja, was hääßt ‚gut'? Du saachscht immer blooß ..." Sie wissen, wie's weidergeht.

Jetzt bin ich schlauer. Die Idee isch mer kumme, wie ich letzscht im Waartezimmer g'huggt bin. Do hawwich in de Brigitte geblättert odder in de Cosmodingsbums odder in de Wok, ich wääß gar nimmi genau. Un ich hab mer ganz ääfach e paar Sprich gemerkt, e paar Name un e paar Farbteen. Die bät ich jetzt runner, wann's druff aakummt, dehääm an de Front. Un ich hab mei Ruh wie noch nie.

Wann mei Fraa es neggschde Mool vum Friseer kummt, bin ich vorbereit'. „Des sieht subber aus. Do kummt mer de Guido Palau in de Sinn, des isch der, wu bei Louis Vuitton und Yves Saint Laurent mit seine eigedrehte Hoorkränz Furore gemacht hot, deletzscht in ..."

Manschmool werd mer vor mir selwer ganz angscht.* Ich mään jo blooß.

---

* Versuchen Sie mal, Louis Vuitton zu schreiben, ohne zu googeln.

Gaardeteich 21

„Was isch dann des do?", saacht die Mitbewohnerin un wedelt mit de Kontoausziech.

„Willscht e Tass Tee?", saach ich.

„893 Euro un 24 Cent", saacht sie.

„E Drebbel Milsch, wie immer?", saach ich.

Sie guckt dänn Blick, wu in ämme Dampfbad Schnee riesle losse deed.

„Teichfolie", saach ich.

„Teichfolie? Fer dein Timmbel do hinne, wu du vor drei Johr des Loch gegraawe hoscht?"

„Es isch nit mein Timmbel. Des isch unsern Gaardeteich. Du hoscht doch uubedingt so e Ding hawwe wolle. Weil's so schää isch."

„Ja. Awwer ich habb nit gewollt, dass du johrelang draa rumbosselscht un im Gaarde sieht's aus, als deed glei de Kampfmiddelräumdienscht kumme misse. Un, saachemool, hoscht du nit schunn zwäämool Teichfolie gekaaft?"

„Die erscht hot nit gebasst. Die zwätt isch mer verrisse, wie ich die Grub hab verleche misse, weil de Nochber sich b'schwert hot."

„6348 Euro un elf Cent hoscht du bis jetzt do hinne vergraawe", saacht se. „Un im Gaarde isch blooß e großes Loch."

„Schwiericher Unnergrund. Problemaddischie Rechtslaach. Inflation. Wiehlmais."

„Nit mei Probläm", saacht se.

„Mir hänn letschtjohr im Familierat driwwer abg'schdimmt, dass mer des Ding baue wollen", saach ich.

„Du hoscht mer verschbroche, du deedscht zeh Johr lang ohne se motze de Raase meehe. Un du hoscht nix devu g'saacht, dass du do hinne unser dreiverrdelsi Haushaltskass versenkscht, un des Ding werd drotzdämm nie ferrdich. Was sollen des Ganze jetzt eichendlich koschde, so alles in allem?", froocht se.

„De Fred saacht, mir kummen velleicht hie mit elfdausend …"

„Was??"

„Wann alles gut geht", saach ich.

„Jesses. Un warum schidde mer des Loch nit ääfach widder zu?", froocht se.

„Noch deirer. Ich habb doch schunn des Springbrinnel aus Carrara-Marmor b'schdellt. Die jabbanische Wasserplanze. Un die zwä Kois, wu seit Weihnachde in de Badwann schwimmen, kann ich ach nimmi serriggäwwe."

„Ich hett gern Tee mit Rum", saacht die Mitbewohnerin.

Mei Redd. Un immer noch besser wie Mehdorn.*

Ich mään jo blooß.

---

* Kostenexplosionen zeichnen die Großprojekte Stuttgart 21 und Berliner Hauptstadt-Flughafen aus. In Berlin soll seit Anfang 2013 Ex-Bahnchef Hartmut Mehdorn dafür sorgen, dass es nicht zu weiteren Verspätungen kommt. Kein Witz.

E ganz anneri Welt

Ich kenn e neies Spiel. Sie brauchen defor känn Disch, kä Werfel, kä gar nix. Blooß en Fernseher, e Kautsch un e Mitbewohnerin. Allerdings: Sie brauchen e Mitbewohnerin, wu immer midde in de Sendung eischloaft.

Druffkumme bin ich an ämme Sunndaachoowend vor zwää Johr, wie de Tatort rum war. Kaum hawwich de Kaschde ausgemacht g'hatt, hot se mich widder g'froocht: „Unn *(gäähn)*, wer war's dann?" Frieher hawwich dann brav de halwe Krimi noochverzehlt. An dämm Sunndaachoowend awwer bin ich kreadiiv worre. Statt se saache: „De Noochhilfelehrer war's, un er hot sich verroode, wie er nit gewisst hot, was bei de Dochder im Schulheft g'schdanne isch", hawwich g'saacht: „Es war die Mudder vum Kommissar. Die wollt nämmlich immer, dass ihrn Sohn e Banklehr macht, un wie de Sohn sich geweichert hot un zu de Bollezei isch, hot se ihn g'hasst. Un wie er zu de Kribbo kumme isch, hot se en perfeggde Mord inszeniert, blooß dass ihrn Sohn dumm do steht. Un am End hot de Kommissar seine eichene Mudder uff de Flucht in de Fuß g'schosse – mit seine alde Spielzeich-Armbruscht."

„Wahnsinn", hot mei Fraa g'saacht, „do muss ich *(gähn)* dissmool awwer schunn zimmlich am Aafang eig'schloofe sei ..." Dann hot se de Kopp g'schiddelt un isch Zäh butze gange. Un ich habb e neies Hobby g'hatt.

In de Welt vun meine Fraa hot Bayern Münsche es Tschämpions-Liig-Endspiel „dahoam" geche de FC Chelsea mit 8:2 gewunne, weil de Heynckes beim Stand vun 0:2 in de 75. Minutt sensationell de Gerd Müller eigewechselt hot. Der hot nämmlich in de Halbzeit zufällig sein alde Spielerpass in seim Bruschtbeidel g'funne. Un die Titanic isch in dämm Holliwudd-Spielfilm um de Eisberch drumrumg'fahre. Am End isch se blooß desweeche doch noch g'sunke, weil se vun ämme russische U-Boot un seim wahnsinniche Kabbidään im Haafe vun Nuyork abg'schosse worre isch – mit ämme Torpedo aus g'schmolzene Hering-in-Tomaadesooß-Dose.

Glaawen Se mer des? Besser nit. Mei Mitbewohnerin glaabt mer jo ach nix mää. Awwer unser Fernsehoowend sinn jetzt dreimool so spannend wie vorher. Ich mään jo blooß.

Schicksalsmelodie

Fair geht vor, hääßt's doch, odder? Saachen Se des emool meine Mitbewohnerin!

Mir huggen uff de Kautsch, es Glotzofon isch aa. Uffem Schooß vun meine Fraa: de Kaader. Uffem Schooß vun mir: die Fernbedienung.

„Ich hedd Luscht uff e Glas Wei", saach ich.
„Im Kiehlschrank steht e Flasch", saacht sie.
„Holscht du se ruff?", saach ich.
„Geh doch du!", saacht die Mitbewohnerin.

Klänni Paus.

„Alla hopp", saach ich. „Machemer Schnick-Schnack-Schnuck!"
„Dreimool", saacht die Mitbewohnerin.
„Ja", saach ich.

Schdää schlacht Scher'.
   Scher' schlacht Babbier.
   Zwäänull fer mich.
   Die Mitbewohnerin dabbt an de Kiehlschrank. Ich griech Wei. Alles gut. Fascht.

„Wie wär's mit e paar Flips?", frooch ich.
„Im Keller isch noch e Dudd."
„Machemer Schnick-Schnack-Schnuck?"
„Geht's noch?", saacht se. „Du bischt draa."

Ich frooch mich: Weil sie es erschde Mool verlore hot, bin ich beim zwädde Mool audomadisch de Goffdel? Wie kammer blooß so verquer denke? Do kammer jo glei alle uuagenehme Uffgaawe im Haus abwechselnd verdääle.

Fakt isch: Ich habb in Phase 1 (Flasch Wei) in ämme klar definierde Losverfahre en uubestreitbare Siech errunge. Also muss in Phase 2 (Dudd Flips) alles uff null g'schdellt werre. Es werd frisch gelost. Des isch Schicksal. Logisch.

Awwer unner uns: Ach wann ich mit de Wohret dehääm nit durchdring – ich bin jo gar nit so.

„Bass uff!", saach ich. „Mir machen Schnick-Schnack-Schnuck, ob mer Schnick-Schnack-Schnuck machen. Wann ich verlier, geh ich nunner. Wann du verliersch, mache mer Schnick-Schnack-Schnuck drum, wer geht. E 75-Brozzent-Schongs, dass es mich trefft. Drei zu änns! Jackpot! Kumm, Schatz, schlach ei!"

Sie guckt mich aa mit dämm Blick, wu die Spreisel aus de Raufaser zieht.

„Irchendwann wachst dein Hinnre an de Kautsch fescht", saacht die Mitbewohnerin.

Wann mei Schicksal des so vun mir will, werr ich mich degeche kaum wehre kinne.* Ich mään jo blooß.

---

* Gelegentlich wird der Vorwurf laut, manche Kolumnen seien an den Haaren herbeigezogen. Diese Kolumne soll als Gegenbeweis mitten aus dem Leben dienen.

Allää dehääm

Es war mei großi Schongs. Die äämoolich Geleechenheit, zu beweise, dass ich recht hab. Dass ich nit schuld bin. Freispruch in alle Punkte!

Mei Verteidichungslinie war gut. Die Mitbewohnerin war e paar Daach unnerwäägs un ich allää dehääm. Klari Sach: Wann jetzt im Haus alles schää sauwer und orntlich bleibt, hawwich gewunne. Dann kann ich klipp und klar darleche, dass die Behaubdung, ich deed e Spur der Verwiischdung hinner mir noochziehe wie sellemools de Orkan Lothar, e blooßi Erfinnung isch, Prozessbetruuch vun de Gecheseit sozusaache.

Mei Mitbewohnerin glaabt, ich wär es Chaos in Person. Ich braicht blooß finf Minudde dehääm zu sei, schunn deed's iwweraal aussähne, als hett de Blitz eig'schlache. So weit es Plädoyer vun de Aaklaach.

Dann die Beweisuffnahm. Mei Fraa war noch kä zwää Stunn fort, do bin ich in die Kich, wu vor zwää Stunn noch alles picobello war. Die Budder steht offe rum. De Kees uffem Herd. Die Wurscht licht im Obschtkorb. De Brotkaschde isch leer, un uffem Bodde hot änner e Dudd voll Weckmähl verdäält. Im Wohnzimmer liche mei Klamodde vun zwää Daach rum. Die Kautsch isch verschmiert mit Nutella. Uffem Schreibdisch im Schaffzimmer steht mein Läbbtopp-Schooßrechner in ännre Rotweipitsch. Un irchendjemand muss im Gang iwwer em Kaader sein Fuddertobb g'schdollbert sei.

Die Rindflääsch-Stickelscher mit Sooß sinn jedenfalls bis in än Meeder Heh an de Heizung gebabbt.

Ich habb achdehalb Stunn lang uffgeraamt un gebutzt. Dann bin ich fer vier Daach ins Hotel gezoche, bis mei Fraa widder dehääm war.

„Un, wie war's, so allä?" hot se g'froocht.

Ich mach vun meim Aussaacheverweicherungsrecht Gebrauch. Ich mään jo blooß.

Schissel in de Schissel

Ich kann ääfach nit annerscht. In mir drin wohnt e diefi Iwwerzeichung, dass mir e Grundverständnis fer organisadorische Frooche in die Wiech gelecht worre isch, wie's des uff de Welt kä zwäddes Mool gäbbt. Odder saache mer: wie's des bei uns im Haus kä zwäddes Mool gäbbt. Also, unner uns: Ich habb e fascht schunn iwwermenschliches G'schbier fer Organisation, Ordnung un Sischdemmaddigg – un mei Mitbewohnerin verschdeht des ääfach nit. Un des bringt mich in die Breddullje, ach wann ich iwwerhaupt nix defor kann. Die Woch zum Beischbiel hawwich, ohne viel Worte se mache, ganz kurz aagedeit', dass mer unser Kicheschränk dreimool so gut nutze kinnt, wann

a) die Aazahl vun Schissle, Schissle in de Schissle (un Schissle in de Schissle in de Schissle) so weit reduziert werre deed, dass mer an jedes Behältnis draakummt, ohne fünf annere aalange se misse,

b) die Lääwensmiddelvorräät nooch ihre Bedeitsamkeit fer de Fortbestand vun unserm Haushalt sordiert werre deeden (also: Schogglaad, Kekse un aag'schwibbstes Obscht in Griffheh – Tee, Knäckebrot un Salat irchendwu owwe un hinne odder glei in de Keller), un

c) alles, was mer länger wie vier Woche nit in die Hand genumme hott (Reiskocher, Teekann, Salatsieb un so weider), audomadisch weggepackt un in de Keller verfracht' werd.

„Ich mach jeden Daach Salat", saacht die Mitbewohnerin, „die Teekann isch voll, un heit Oowend gäbbt's Gulasch mit Reis. Noch Frooche?"

„Bleib doch äämool sachlich!", saach ich. Die Mitbewohnerin guckt mich aa un zieht ihr nachelneies Smartfoon-Hänndi aus de Dasch.

„So, großer Määschder der Ordnung, ich mach jetzt noochenanner Bilder vun

a) deim Schreibdisch,
b) deim Hobbyraum un
c) deim Klääderschrank.

Un wann ich noch ää so e Idee vun dir heer, kummen die Foddos ins Indernet. Mit vollem Name."

Was soll ich saache? Ich habb im Indernet schunn fascht 15.000 Klicks. Ich kann ääfach nit annerscht. Awwer ich finn wänniggschdens alles. Ich mään jo blooß.

E Mammut-Uffgaab

Ich wääß nit, warum. Awwer uff kännre Iwwerlandleidung licht so viel Schbannung, wie wann mei Mitbewohnerin un ich zamme im Audo huggen. Un was hääßt do „zamme"?

Nie isch en Mensch so uff sich sellwer g'schdellt, wie wann er es Lenkrad vun seim Audo in de Hand hott. Des isch e elementari Iwwerlääwens-Situation in ännre feindliche Welt. So wie dunnemools, wu es Männel mit ämme abgebrochene Zahstocher Mammuts gejaacht hot. Blooß isch frieher es Weiwel brav in de Hehl gebliwwe un hot sich die Zehnächel lackiert. Heit huggt's uff'em Beifahrersitz un schickt beese Blicke noch links.

„Jetzt loss halt denn allde Mann iwwer die Schdrooß", will ihr Blick saache. „Jetzt huup doch nit, du machscht dänn noch ganz nervees, der muss halt erscht de Gang finne", soll des hääße. „Jetzt heer doch uff mit de Ärm se weedle, blooß weil die arm Fraa e bissel schwerfällich rickwärts eiparkt", versucht se mer weiszumache. Ich saach Ihne: Wammer e Audo mit negga-

diive Schwingunge aadreiwe kinnt, dann missden mei Fraa un ich nie mää im Lääwe an e Tankstell fahre.

„Wammer unser Audo mit deine Aggressione aadreiwe kinnt, dann hedden mir es letzschde Mool getankt", saacht die Mitbewohnerin. – Wissen Se jetzt, was ich mit „Hochschbannung" mään? Gut, ich gäbb zu: Wann ich am Schdeier hugg, dann geht's als emool mit mir durch. Warum fahren außer mir awwer ach blooß Dummkepp un Lahmärsch durch die Welt? Des kann doch nit sei, dass ich de Aänziche bin, wu begriffe hot, wie's richdich geht. Dass ich de Aänziche bin, wu versucht, e bissel Ordnung ins Chaos zu bringe. Fer was haww'ich dann e Huup un e Uffblendlicht! Un als Ausgleich defor bin ich dann brav wie e schnurrendes Kätzel, wann ich emool uffem Beifahrersitz hugg.

„Noch ää Wort, un du laafscht hääm", saacht die Mitbewohnerin. „Ich mach de dridde Gang nei, wann ich will", määnt se. „Ich habb gebremst, weil's aag'fange hot gelb se werre", saacht se. „Lang mer nooch äämool ins Lenkrad, un du bischt G'schichde!", määnt se.

Wissen Se was? Es scheint am Fahrersitz zu liche. Ich mään jo blooß.

Bettg'flischter

„Schatz, schloofscht noch?"
„Grmblbmbl."
„Schaa-haatz!"
„Hmm??"
„Schloofscht du noch?"
„Grmbl."
„Hopp, Schatz, werr doch emool wach!"
„Was isch dann?"
„Ich habb ääfach kä Idee, was ich morche in meine Kolumne schreiwe soll."

„Schnarch."

„Ha, ha. Ich wääß genau, dass du wach bischt."

„Was du immer alles wääscht. Saachemool, wie schbeet hämmern eichendlich?"

„Hallwer drei."

„Du bischt jo nimmi ganz sauwer! Dreh dich rum un schloof weider."

Hääßi Luft steht iwwerm Bett wie en Laschder mit Ferrdichbetong. In de Eck schnarcht de Kaader; sechsezwannzich Schdunn, ohne sich än Schritt zu beweeche. De Mond glotzt durchs Schloofzimmerfennschder un grinst.

„Schatz, ich habb kä Ahnung, was ich morche schreiwe soll! Un wann ich wart, bis es hell isch, dann geht gar nix mää. Wie soll mer dann bei so ännre Hitz e g'scheidi Idee hawwe!?"

„Grmm."

„Hopp, du hoscht doch sunnscht immer …"

„Hm. Gut. Schreib doch ebbes iwwer die Fraa, wu ihr Heimatland verlosse muss, weil se ihrm Mann midde in de Nacht de Grutze rumge …"

„Luschdich. Wammer äämol dei Hilf braucht!"

„Ach. Äämool? Indressant! Dann schreib doch ebbes do driwwer, wie der Korb mit deine sauwere Wesch die Trepp ruffkumme isch. Sinn dämm uusichtbare Bää gewachse? Hodd'en de Scotty ins Schloofzimmer gebiemt? War er …"

„Jetzt fang doch nit …"

„Odder schreib emool, was die Wesch so denkt. Die steht jetzt g'schlachene drei Daach vor deim Schrank. Griecht se desweeche e Identitätskrise? Froocht se sich, ob se sich selwer eiraame muss? Plant se e Revolu ... "

Sie missen entschuldiche. Des werd wohl nix mä heit. Die nei Matratz duud meine Fraa nit gut. Ich mään jo blooß.

ALLES FERZ

Indiskret

Die Manu war volle Kanne im Bett middem Felix. Echt jetzt.

Ich wääß nit, ob Se mit däre Information ebbes aafange kinnen. Awwer die Botschaft war däre junge Fraa scheint's wichdich, sunnscht hett se mer se nit ins G'sicht geblärrt, wie ich die Woch iwwer de Marktplatz gedabbt bin.

So geht mer's immer. Ich schlabb durch die Stadt, un die Leit quatschen mich aa. Des hääßt: Ich mään, dass die Leit mit mir babblen. Ich kann mich ääfach nit draa gewehne, dass jeder en Knopp im Ohr un e Mikro hot un rund um die Uhr telefoniert – so, dass es jeder heert, un so, dass ich jedesmol glaab, ich wär gemäänt. Wann ich dann Antwort gäbb („De Felix? Reschbeggt!"), werr ich dumm aageglotzt.

Ich wääß jetzt: Die Ina hot de Anna vergliggert, die Veronika hett g'saacht, die Jasmin wär e bleedi Kuh (des verrot mer die Jasmin, wie se an de Kinokass steht). De Herr X. hänn se verwischt, wie er uffem Kobbierer in de Firma Bilder von seim blodde Bobbes gemacht hot (des verzehlt mer en Mann Mitte 40 am Kiehlregal vum Subbermarkt, uff hallwer Heh zwische'm Jokurt un em Pizzakees). De Harry hot em Mann vum Sozialamt weisgemacht, er kinnt nit schaffe, weil er's so arich im Kreiz hot, dodebei war er graad drei Daach lang Holzmache middem Erwin uffem Dauwesuhl (des kreischt de Harry perseenlich quer durch de Regionalexbress vun Lanndaach nooch Neischdadt).

In dämm Maß, wu die Kommunikationstechnik die Leit in die Laach versetzt, immer un iwweraal zu telefoniere, in dämm Maß schalt' sich, scheint's, bei de Menschheit es Hirn ab, un die Erinnerung an Umgangsforme un Diskretion verblasst wie e alldes Bild in ämme nicht-digitale Foddoalbum. Wann ich allää die Informatione verkaafe deed, wu ich die letzschde drei Woche uffgebabbelt griecht habb – ich misst, glaawich, nimmi schaffe. Sozial-, Finanz- un Arwettsamt deeden sich erkenntlich zeiche. De Chef vum Herr X. ach. Die Veronika naddierlich. Un de Felix sowieso. Der wisst dann nämmlich: Er isch sauschlecht im Bett. Des hott mer die Fraa uffem Marktplatz noch schnell vergliggert, bevor se an mir vorbei war.

Gut, dass mer driwwer geredd' hänn, odder? Ich mään jo blooß.

Jan-Julius Cäsar

Kreischendes Kind im Suppermarkt? Nix B'sunneres. Awwer in dämm Fall velleicht doch. Klääkind, männlich, huggt uffem Bodde vor de Palett middem Mähl. Ää Dutt (1 kg, Type 405) hot er in zwää Händ. Un er knallt se uff de Rand vun de Holzpalett. Un nochemool. Un nochemool. Un nochemool. Jedesmool kreischt er vor Frääd. Nääwedraa steht die Mudder.

„Du sollst im Supermarkt mit den Augen schauen, nicht mit den Händen. Das haben wir doch besprochen, Jan-Julius." Die Mudder hot die Ärm vor de Bruscht verschränkt.

De Klää knallt die Mähldutt widder uffs Holz. Die Dutt platzt. Es Mähl, nit dumm, find't de Wääch aus de Dutt un werrd zu änner Wolk aus weißem Schdaab. De Klää batscht die kabutt Dutt nochemool uffs Holz un verschwinnt jetzt fascht komplett in de Wolk. Kreische heert mer'n immer noch, jetzt ganz leicht gedämpft.

„Ich glaube, heute Abend werden wir das mit deinem Vater diskutieren, Jan-Julius."

De Klää merkt, dass er mit seine Mählhänd Abdrick mache kann: uffem Bodde. Uff de Wand vum Kiehlregal. Uff de Budder. Uff de Baumwollhoss vun däre äldere Fraa, wu graad Eierkaddongs am Inschbiziere isch.

„Saachemool, muss des sei?", raunzt die älder Fraa un kloppt sich ihr Hossebää sauwer. Dä Klää guckt verdutzt. Die Mudder baut sich uff.

„Müssen Sie das denn so aggressiv sagen? – Nicht weinen, Jan-Julius, Mutti ist bei Dir. – Schauen Sie mal, was Sie angerichtet haben!"

Die älder Fraa guckt, dass se Land gewinnt. De Klää schnabbt sich die anner Hälft vun de Mähldutt, zieht se an die Obschtthek und schlenkert se in die Luft. Es gäbbt jetzt zwää Kischde Kobbsalat im Mähl-Manndel.

„Jan-Julius, ich finde es nicht in Ordnung, wie Du Dich verhältst", saacht die Mudder un dabbt fort zu de Sogge im Sonderaagebot. De Klää grunzt jetzt vor lauder Glick.

Un ich? Ich tipp die Notrufnummer vun de Erziehungsberoodung ins Händi, lech awwer sofort widder uff. Un ruf die GSG 9.* Sicher is sicher. Ich mään jo blooß.

Nockewellepositionssensor

Frieher war e Audo e Audo, un wann's vorne (odder hinne) gequalmt hot, war's kabbutt. Heitzudaach kummen uff ää Audo, wu qualmt, fünfezwannzich, wu's Lämmbel vun de Scheiwewesch-Aalaach brennt, un de Bordkommbjuuder maacht dich närrsch, weil er alle fünf Minudde saacht: Ab in die Werkstatt!

Dodebei hoscht du schunn fünfmool noochgeguckt: De Wischwasserbehälder isch voll. De Deggel

---

* Nach Veröffentlichung der Kolumne musste der Autor erfahren, dass die GSG 9 in solchen Fällen nicht zuständig ist. Tatsächlich wäre hier die Bundeswehr gefordert.

isch druff. Es Mischungsverhältnis stimmt. Es drobbst nix. Awwer es Wischwasserlämmbel brennt un geht ääfach nimmi aus, außer du fahrscht halt doch zum staatlich geprüfte Kfz-Mechatroniker deiner Wahl. Awwer do druff hoscht du naddierlich kä Luscht. Also werrscht du ganz langsam wahnsinnich, weil sich des roode Wischwasserlämmbel mit jedem Daach diefer in dei Unnerbewusstsei drängelt un dir verzehlt, dei Audo wär hie, obwohl du ganz genau wäascht, dass alles in Ordnung isch. Gut, mein Kumpel Fred isch deletzscht ohne zu motze zwäädausend Kilomeeder mit piepsendem Rechesensor durch die Sahara g'scheest – awwer de Fred isch jo ach en richdiche Hartrichel. Ich als normaler, sensibler Mensch mit ämme g'sunde Grundvertraue in die Errungenschaffde vun de moderne Technik kann so ebbes nit. Mei inneri Stimm blärrt „Stopp!", wann e Warnlichdel brennt – ach wann ich's inzwische naddierlich besser wisse misst. Awwer verzehlen Se emool Ihre Beifahrerin, wu mit Panik im Blick uffs blinkende Lämmbel zeicht, dass Ihr Audo blooß uff de Meta-Ebene kabbutt isch, un nit in echt.

Bei mir war's de Nockewellepositionssensor. Em Name nooch isch der dodefor doo, dass er guckt, ob die Nockewell noch in Position isch. Awwer in Werklichkeit geht er wie alle annere Sensore ääfach kabbutt, wann's ihm zu langweilich werd. Un er sät in mir de Zweifel an meine brave Nockewell, ach wann die mir noch nie de Dienscht versaacht hot (ich habb jo bis zu dämm Moment noch nit emool gewisst, dass mei Audo iwwerhaupt e Nockewell hot, un schunn gar nit, fer was). Also fahr ich halt doch in die Werkstatt, un dort werd naddierlich nit die Nockewell rebbariert, sondern es gäbbt en neie Sensor.

Immerhie: Wänniggschdens finanziell kummt des fascht uff's selwe raus. Ich mään jo blooß.

TV-Duell

„Saachemool", saach ich.
„Nä", saacht die Mitbewohnerin.
„Du wäascht doch noch gar nit, was ich ..."
„Ha!", saacht se.
„Hä?", saach ich.
„Mir kaafen känn neie Fernseher", saacht se.
„Wie kummscht dann do dru..."
„Ha!", saacht se un lacht.
„Hä?", saach ich un guck uuschuldich.
„Du warscht doch geschdern beim Fred", saacht se.
„Ja, un?"
„Fußball gucke."
„Ja."
„Un dein Kumbel Fred hot en neie Fernseher", saacht se.
„Was hot dann des mit mir zu ..."
„Schatz", saacht se – mit ämme Blick, als wär ich fünf

Johr alt un hett mein Teddybär mit Libbestift verschmiert.

„Awwer er isch ganz flach", saach ich. „Ohne Rand. Un er hot Schbrooch- un Geeschde-Schdeierung."

„Geeschde-Schdeierung? Was soll dann des sei?", froocht se.

„Du hoscht kä Fernbedienung mä, sondern du winkscht blooß noch. Dann schalt'er um. Stell der emool vor, des wär doch subber, wann …"

„Du hettscht dann jeden Oowend Muschgelkaader in de Ärm vum Zabbe."

„Ha, ha", saach ich.

„Un was macht der Fernseher, wann du in die äänt Richdung winkscht un ich in die anner?"

„Äh …"

„Un was bassiert, wann de Kaader uff die Kautsch hubbst? Kummt dann Werwung fer Sheba?"

„Awwer …"

„Un iwwerhaupt: Mit was fer ännre Geeschde schalt mer des Ding aus?"

„Wieso aus?", frooch ich.*

Des war mein Fehler.

„Ha!", saacht se.

---

* Kumbel Fred hat das Problem gelöst, indem er den gestengesteuerten Fernsehapparat nach drei Monaten zum halben Preis weiterverkauft hat. An wen, wird nicht verraten.

„Alla gut", saach ich. „Du hoscht gewunne."

„Ich wääß", saacht se.

Un es war nit emool knapp. Ich werr alt. Ich mään jo blooß.

Espresso uff'm Mond

Letztscht isch mer's Händi ins Klo gfalle. Froochen Se nit, wie's bassiert isch, jedenfalls hawwich's in achtzeh Äänzeldääle ausenannergebaut un hab dänn Schambes zum Trockne uff die Fenschderbank gelecht. Un wie ich do hugg uff meim Sesselsche un däre ganze Chose zuguck, wie sie vor sich hie roscht, frooch ich mich widder emool, warum des nit klappt mit mir un de Technik. In dänne neimodische ammerigganische Krimiserie wie „Sieh Es Ei" zum Beischbiel (CSI sachen die Amis), do holt de Tatortermittler – än Durchdrännierde mit Sunnebrill oder e Modd'l mit Fönfrisur – es Hai-Teck-Händi raus, foddografiert die Leich, un drei Segunne schbeeder wääß de Kolleech im Birro, wie des Opfer hääßt, was fer e Schuhgreeß es hot un dass der Kerl seit fünf Johr kä Miede mä fer sei Feriehaus in Mischigänn bezahlt hot. Mei Händi wääß noch nit emol, wu ich's graad hiegelecht habb. Un wann's im Fernseh kä Subberhändis sinn, dann sinn's Supper-Bildschirm aus Glas, wu mer vun vorne un vun hinne durchgugge kann un wu mer blooß mit de Ärm wed-

le un e bissel Hand uffleche muss, schunn bläddert des Ding weider. Tattsch-Sgrien nännt mer des. Mich reecht des uff. Jedesmool, wann ich mein Bildschirm aadatsch, bassiert gar nix un ich muss hinnenooch die Fettflecke wegwische. Hänn Sie emol browwiert, mit Ihrm Händi e Konferenzschaldung se mache? Wann Se's hiegriechen, schlach ich Se fer die Landesehrenoodel vor. Un aageblich het mein Läbbtopp, also mein Schooß-Kommbjuder, genuch Leischdung, fer zeh Mool die Mondlandung vun vor verrzich Johr auszurechne un nääwebei drei Kanne Espresso warmsehalde. Un wer, bittschää, braucht Espresso uff'm Mond?* Awwer wann ich mit dämm Ding die Onlein-Bedienungsaleidung fer unser Kaffeemaschin ausdrucke will, stirzt er ab un ich kann mer en ädärmliche Tee koche. Wann ich dann middem Händi die Service-Hotlein aarufe will, isch de Aggu leer. Un ich griech en Herzkaschber.

Mei letztschdi Hoffnung: Vielleicht finnen mich jo die Ermittler vun „Sieh Es Ei". Ich mään jo blooß.

DANNDE LIESEL

Ohne Worte

„Ich bin's'"

De Dannde Liesel ihr Art, e Telefong'schbrääch aasefange, isch e kommuniggadiiwes Wunnerwerk. Schnerkelloos (kä Aaredd), kraftvoll (Sie missen sich blooß die Lautstärk' vorschdelle) un drotzdämm ohne

---

* Kein Mensch. Es sei denn, er will ein Buch mit Kolumnen auf den Markt bringen.

jedi Aadeidung, um was es iwwerhaupt geht (sie will ebbes, määner wääß mer nit). Uff die Art entwickelt se e uuschlaachbari Kombination aus Dringlichkeit un Vorwurf, eh du selwer es erschde Mool die Gosch uffmachscht. Sofort schießt der durch de Kobb: Was hawwich falsch gemacht? Un bevor du dir e Strategie iwwerlecht hoscht, wie du die Sach – vun däre du noch gar nix wääscht – widder graadbiechscht, schießt en annere Gedanke quer: Jetzt blooß nix Falsches saache! Vielleicht will se der jo gar nit de Krutze rumdrehe! Du bischt noch nit verlore – sie isch halt blooß, wie se isch: fallt mit de Dier ins Haus un denkt sich nix Beeses debei. – Ha!, schiebt sich de andere Gedanke widder vor: Die Dannde Liesel un nix Beeses debei, des glaabscht doch selwer nit! Geh besser in Deckung, bevor's richdich losgeht! – Jetzt mach dich emool locker, blärrt's in deim Kobb, des isch blooß e alldi Fraa, wu uff ihr verqueri Art um die Zuneichung vun ihre Familie buhlt. – Jesses, du mischt der emool zuheere beim Denke!, bebbert's vun hiwwe. – Denk doch selwer emool ebbes G'scheides, du Simmbel!, knoddert's vun driwwe. – En Drache mit Hoor uff de Zäh, des isch se, bass blooß uff!

Un so weider. In so ännre Exdreemsituation schbielt sich im menschliche Hirn alles in kirzeschder Zeit ab. Awwer es helft nix. Im Gechedääl. Die Zung isch gelähmt, un de Heerer ziddert in de Hand. So viel Adrenalin kann en Mann gar nit brodduziere, fer de Dannde Liesel ihrm „Ich bin's" gewachse zu sei. Des saacht der dei langi, schmerzlichi Erfahrung. Un dein Kerber glaabt's. Dir werd dormelich.

„Gäbb mer emool dei Fraa", saacht die Dannde Liesel.

Ich kipp um. Die Mitbewohnerin fangt mich uff, mit ännre Hand, die anner Hand nämmt de Heerer.

„Uff Widderheern", saach ich. Des werr ich mir nie verzeihe. Ich mään jo blooß.

Immer in Beweechung bleiwe

Es isch ball widder hell, un die grie Grenz isch immer noch nit in Sicht. Mein Kumbel Fred fahrt, ich hugg denääwe. Zürich licht verrzich Kilomeder hinner uns. Bis dehääm: drei Schdunn. Wann nix bassiert. De Fred isch nervees wie en Hamschder uff de Herdplatt.

„Wie weit noch bis Deitschland?", froocht er.

„Wa wääß ich", saach ich, „wann dei Nawwi was dauche deed, wäre mer schunn uff de A 5."

„Zeich mer ää Nawwigationssischdeem, wu die Schleichwääche durch de Wald drin sinn!", saacht de Fred. „Un mer sieht jo nix vor lauder Näwwel. Nää, uff was loss ich mich do blooß ei!"

„Jetzt piens nit. Du wääscht genau: Mir sinn im Auftrag des Herrn unnerwägs."

„Fer mich isch se un bleibt sie dei Dannde Liesel", saacht de Fred.

„Pssssssscht!", saach ich.

„Achgottachgott! Simmer verwanzt?"

„Bleedsinn", saach ich.

„Die hänn schunn ganz annere wie uns verwischt", saacht de Fred un glotzt mich aa.

„Gugg uff die Schdrooß!", saach ich.

„Ja, wann's e Schdrooß wär! Des do wär bei uns jo noch niddemool e Wingertspäddel!"

Vor uns schimmert e Licht.

„Aaaaaaaaaaaah", kreischt de Fred im Falsett.

„Gaaanz ruhich!", saach ich. „Immer in Beweechung bleiwe. Velleicht isch's jo blooß ..."

Es isch tatsächlich blooß e Fahrrad.

Vun de Rickbank gähnt's. „Was machen ihr zwää dann fer en Krach?", saacht die Dannde Liesel. „Do griecht mer jo kä Aach zu!"

„Lech dich widder hie un schloof! Es dauert noch e Weil. Un bleib zugedeckt!"

De Fred schnauft schwer.

„Ruhich Blut", saach ich. „Soll ich fahre?"

De Fred gäbbt kä Antwort. Er isch jetzt, scheint's, in ännre annere Welt. Im Tunnel.

„Schnarch!", macht die Dannde Liesel.

De Fred reißt vor Schreck es Lenkrad rum.

„Bass uff, en Baam!", blärr ich.

Zu schbeed.

Also: Wammer's neggschde Mol de Dannde Liesel ihrn Kussäng in de Schweiz b'suchen, kaafe mer in drei Deifels Name halt doch so e bleedi Audobah-Vignett'.* Ich mään jo blooß.

Es Dannde-Liesel-Geheimnis

So kläälaut hawwich die Dannde Liesel noch nie erläbt. Sie huggt do wie e Haifel Elend.
„Was isch dann los mit dir?", frooch ich.
„Nix", saacht die Dannde Liesel.
„Willscht en Kaffee?"
E Paus. „Saachemool ...", saacht se dann.
Ich saach nix.
„Saachemool, du kennscht dich doch do b'schdimmt aus", saacht se. Des hot se noch nie g'saacht.
„Jesses, Dannde Liesel, was isch dann bassiert?", frooch ich. Sie schnauft dief, dreimool.
„Was wääscht dann du iwwer die nei Schdeier-CD?", froocht se mich dann.
„Die Schdeier-CD??" frooch ich.
„Jetzt blärr nit so ...", saacht se.

---

* Die Kolumne spielt damit, dass der regelmäßige Leser um die dunkle Seite der Tante-Lieselschen-Finanzen weiß – und um die Tatsache, dass die Erbtante ihre wahren Vermögensverhältnisse vor dem Erbneffen konsequent verbirgt. Leider.

„Was willscht dann du mit däre Schdeier-CD?", saach ich leise un guck mich um.

„Nix will ich demit", saacht die Dannde Liesel. „Ich will wisse, was die mit dämm Ding aaschdelle kinn."

„Was wääß ich", saach ich. „Do geht's wohl um Kunde, wu mit falsche Versicherunge bei de Credit Suisse Milliarde am Staat vorbei ..."

„Achgottachgott!", saacht se.

„Achgottachgott ...", saach ich. „ ... du hoscht doch nit etwa ...?"

Die Dannde Liesel saacht nix.

„Awwer, du saachscht doch immer, du kinnscht mit deim bissel Rente kaum ..."

Sie guckt an die Wand.

„Du hoscht doch aageeblich gar kä ..."

„Pff ..", saacht die Dannde Liesel, „wammer sich nit umguckt, nämmen die ämm alles widder weg."

„Awwer Versicherunge?", frooch ich, „Credit Suisse?? Un wann ich dich frooch, ob du mir e bissel was lähnscht fer e neies ..."

„Du – du bischt en Hallodri", saacht se.

„Un die Credit Suisse?", frooch ich.

„Isch e aag'seh'nes Bankhaus!", saacht se.

„Saachemool, Dannde Liesel ..., du veräbbelscht mich doch, odder?"

Sie guckt mich aa. „Ei jo", saacht se un grinst. Dann lecht se mer än Eiro uff de Disch.

„Fer e Eis", saacht se un dabbt fort.

ANZEIGE. Sarkastischi Erbdannde, 75+, billich abzugäwwe. An Selbschtabholer koschdelos. Ricknahm: ausg'schlosse. Zuschriffde an die Redaktion.* Bitte schnell! Ich mään jo blooß.

Liewesgrieß aus X.

Urlaubsdaach zwää. Strand vun X., Bar Y. Vor mir e Poschtkaart. In meine Hand en Werwekuli vun de SPD, Wahljohr 2005. Denn hawwich noch, weil … , nää, des fiehrt jetzt zu weit.

Alla, Dannde Liesel …

„So kannscht du doch kä Poschtkaart aafange", saacht die Mitbewohnerin, wu mir die ganz Zeit iwwer die Schulter glotzt.
„Soll ich velleicht ‚Liewi Dannde Liesel' schreiwe?", saach ich.
„Ja, was dann sunnscht?"
„Als Schurnalischt bin ich de Wohret verpflicht' un nix als de Wohret."
Die Mitbewohnerin muss huuschde. Sie hot sich, scheint's, verschluckt.

---

* Antworten auf die Anzeige: 0.

Hallo, Dannde Liesel ...

„Hallo??? Die dreht dir doch de Hals rum", saacht die Mitbewohnerin.
„Mach du's halt besser!", saach ich.
„*Dei* Erbdannde", saacht die Mitbewohnerin.

Werte Dannde Liesel ...

„Werte? Bei ‚Werte' wääß se doch sofort, dass du ihr Sparbiechel un ihr Aktiedepot im Sinn hoscht."
„Jetzt fang du nit ach noch aa", saach ich.
„Gäbb der halt e bissel Mieh", saacht die Mitbewohnerin, „es isch doch blooß e Poschtkaart. Du sauchscht der doch sunnscht ach jedi Woch irchendän gequirlde Bleedsinn aus de Finger."
Zum Glick kummt do de Garçong un bringt en dreifache Scotch un en Aperol Spritz. Mir hänn jo Urlaub. Ich nipp an meim Aperol.

Sehr geehrte Dannde Liesel ...

„Des isch jetzt nit dein Ernscht", saacht die Mitbewohnerin.
„Du machscht mich ganz heggewelsch", saach ich.
„Un du machscht dich lächerlich. Kannscht du deine Dannde nit ganz ääfach e Poschtkaart schreiwe wie jedem annere Mensch ach?"

Ich guck de Mitbewohnerin dief in die Aache.

„Mir redden schunn vunn meine Dannde Liesel, odder?", saach ich.

Die Mitbewohnerin guckt serrigg un senkt dann schuldbewusst de Blick. Sie schluckt.

„Wär's nit besser …", saacht se.

„Alla gut", saach ich, „fahre mer hääm."

Velleicht merkt se jo nit, dass mer fort waren. Ich mään jo blooß.

Rache isch Blutworscht

Liewe Leser vun dämm Sunndaachsblädddel do …

„Vun dämm komische Sunndaachsblädddel!", saacht die Dannde Liesel.

„Ich kann doch nit …", saach ich.

„Doch, du kannscht!", saacht die Dannde Liesel. Sie hot mei Ohrläbbel zwische ihrm Daume un ihrm Zeichefinger wie in ämme Schraubstock. Sie zieht fescht nooch unne.

„Auuu!", saach ich.

„Schreib!", saacht die Dannde Liesel.

… vun dämm Sunndaachsblädddel do …

„Aaauuu!! Auuuuaaa!"

… vun dämm komische Sunndaachsblädddel do …

„Siggscht, es geht!", saacht se. „Weider im Text: Hiermit duu ich an Eides Statt erkläre ... "

„An Eides Statt?", frooch ich. „Au! Stopp!"

... du ich an Eides Statt erkläre, dass mei Dannde Liesel ...

„Au!! Was isch dann jetzt falsch?"

„Des wäascht du genau", saacht se.

... dass mei Dannde Elisabeth X., geborene Y., wohnhaft in Z. ...

„Muss des dann werklich so fermlich sei?", frooch ich.

Sie zieht mei Ohrläbbel bis zu de Schulldre.

„Auaaaaauuaaaaaa!! Heer uff! Biddebidde! Es isch jo gut", saach ich.

... geborene Y., wohnhaft in Z. , eine ..., eine ...

Die Dannde Liesel guckt mich streng aa.

... eine ..., eine ..., eine ...

„dass se e herzensguudi Fraa isch", saacht die Dannde Liesel, „liewenswert, immer freindlich, gut zu Mensch un Tier, un uff jeden Fall en große Gewinn fer unser ganzi Familie", saacht die Dannde Liesel.

„Auaaaaa!", saach ich.

„Ich habb doch graad gar nit an deim Ohr gezoche", saacht die Dannde Liesel.

„Ich wääß", saach ich. „Auuuaaaaaaa!!!!"

... un dass mei Kolumne vun vor verrzeh Daach iwwer die Poschtkaart an die Dannde Liesel e Uuverschämtheit geche-iwwer vun meine liewe Dannde Elisabeth war, e Riese-Schweinerei, Bild-Zeidungs-

Niwwoo* un außerdämm naddierlich komplett erfunne, un zwar vun ämme miese klänne Schreiwerling ...
Muss des ...? Auuuuu!!!!!!!!!"
Es muss wohl. Ich mään jo blooß.

BOLLEDIGG

Aus Dreck mach Geld

Wissen Se, was Verschmutzungsrechte sinn? Ich erklär's Ihne. Ich habb's die Woch nämmlich zum erschde Mool schiergar kabbiert. Also: Es gäbbt ebbes, was mer an un fer sich nit derf (die Umwelt verschmutze). Weil awwer ohne Umweltverschmutzung unser ganzi schääni Wirtschaft die Bach nabb gehe deed, saacht sich die Bolledigg: Alla hopp: Jedi Firma griecht ab sofort sounsoviel Verschmutzungsrechte. Un wann die Firma X. dann wännicher Zeozwää in die Luft bloost, wie se eichendlich derf, dann werd se belohnt. Sie kann ihr Verschmutzungsrechte weider-

---

* „Bild-Zeitungs-Niveau" ist eine bei manchen Zeitungslesern beliebte Schmähung für alles, was frisch, frech und – igitt! – satirisch ist. Wie die Bild-Zeitung zu dieser Ehre kommt, wird für immer ein Rätsel bleiben.

verkaafe. An die Firma Y. Die jaacht dann de fehlende Dreck in de Himmel. Klar so weit?

Dann erklär ich's annerscht. Nämmen Se emool Tempolimits. Die machen jo unser schääni Audomobilinduschdrie kabbutt. Also kinnt die Bolledigg jetzt saache: Alla hopp, ihr Leit, ab sofort werd bei uns mit G'schwinndichkeitsiwwerschreidungsrechte g'hannelt, dann basst des schunn. Un ich such mer drei Seniore, wu in ihre Achzicherjohre-Audis mit 60 iwwer die Landschdrooß zuggle. Jedem vun dänne drei kaaf ich sei reschtliche 40 Schdunnekilomeeder ab. Un ab sofort bin ich immer mit 220 Sache unnerwägs. Vun Lanndaach uff Schbeyer. Uff de B 272. In meim Klääwache. Verschdeh mer uns? Saach ich doch.

Jetzt missen Se sich blooß noch folschendi minimali Komplikation vorschdelle: Es gäbbt uff äämol kä Bollezei mä, wu blitzt. Was bassiert? Klari Sach: Weil känner Angscht hot, dass er de Labbe verliert, rast jeder, wie's ihm graad basst. Känn Mensch will mä ebbes wisse vun unsere schääne G'schwinndichkeitsiwwerschreidungsrechte. De Preis pro km/h fallt un fallt. Die drei Rentner gehen leer aus.

Un genau des isch grad mit de Verschmutzungsrechte bassiert. Umweltschutz – wänn juckt des noch? Also koschden 1000 Kilo Zeozwää extra blooß noch vier Euro.* Vier Euro! Dodefor bickt sich doch känn

---

* Anfang August 2013 hat die EU diesen Beschluss tatsächlich gefasst.

Männättscher vun ämme Kohlekraftwerk nooch seim Schuhbännel. Un was macht die EU? Sie nämmt 900 Millione Verschmutzungsrechte vum Markt. Dass de Preis fer de Dreck widder steicht. Un sich de Klimaschutz in Eiroba endlich widder lohnt.

Do wär ich vun allää nie druffkumme. Ich mään jo blooß.

Pjöngjang vs. Woschington

„Unn, Dannde Liesel, was saachscht dann du zu däre ganze NSA-Schbäh-Affäre?", frooch ich.

„Alles Ferz", saacht die Dannde Liesel un macht e G'sicht, als hett se in e Zitroon gebisse. Des hääßt, sie sieht aus wie immer, awwer sie bringt's ferrdich, mit ämme Wort es maximal meechliche Maß an Verachtung zum Ausdruck se bringe. Also eichendlich ach wie immer.

„Wieso Ferz?", saach ich. „Du muscht der des emool vorschdelle: Die Amis läsen heimlich dei ganze I-Mehls!"

Die Dannde Liesel guckt mich aa, als wär ich en Blagge uff ihre weiße Satäng-Schuh.

„Alla gut. Die heeren ach dei Telefonate mit!"

Die Dannde Liesel guckt durch mich durch. Wammer genau uffbasst, kinnt mer määne, dass se e ganz klää bissel de Kobb schiddelt, graad so viel, dass mer zweifelt: Bin ich gar nit do? Odder bin ich nit wert, dass mer uff mich reagiert? Es deed mich nit wunnere, wann mir änner verzehle deed, dass die Fraa zwannzich Johr lang Agentin fer Nordkorea war, alte Schule, Psychokader, Betonbunker unner Pjöngjang.

De Dannde Liesel ihr mentales Kobbschiddle gäbbt mer die Zeit, an unser letzschdes Dutzend Telefong'schbrääche se denke. „Nä", hot se g'saacht. Dann „Nä". Un zum Schluss noch emool „Nä". Nit Gunndach, nit Uffwidderheern. Nit „Dannde Liesel am Abbarat, was gäbbt's, mein liewer Neffe?" Nit: „Morche mach ich roschdiche Ridder, wollen er vorbeikumme? Ich mach e paar määner."

„Awwer dann denk doch emool", saach ich, „die läsen sogar dei Poscht!"

Die Dannde Liesel grinst.

Do fallt mer ei, wie se vor e paar Johr emool en Schdroofzeddel fer falsches Parke griecht hot. Sie isch sellemools heggschtperseenlich uff die Stadtverwalldung gedabbt. Es Ergebnis war: Sie hot känn Cent bezahlt. Un die Mitarweiderin hot sich versetze losse, freiwillich, in de Oschde. Die arm Fraa hot jo schwarz uff weiß nix beweise kinne.

Ich mach e schdraddeegischi Paus.

„De Ami", saach ich, „de Ami, Dannde Liesel, der wääß iwwrichens ach, wu dei ganzes Schwarzgeld isch."
„Die Babbsäck!", blärrt se un schbritzt uff. Heit Oowend, 18 Uhr, geht ihrn Fliecher uff Woschington. Es trefft uns am End halt doch all. Ich mään jo blooß.

Krieg der Säcke

Frieher hawwich geglaabt, wammer sein Mill sordiert, machte mer ebbes fer e besseri Welt. Ich habb vun jedem Jokurtbecher de Aludeckel glattgebichelt, un ich habb's dobbelde Eiwiggelbabbier vun de Summerwurscht mit de Pinzett un de Läsebrill getrennt in „Babbier" (die Außeschicht) un „Gelwer Sack" (es Wachsbabbier inne). Dann bin ich oowends ins Bett mit de Gewissheit, dass mir in ännre ferne Zukunft de Petrus an de Himmelsdier uff die Schullder kloppt un saacht: Gut gemacht, mein Sohn, kumm rei – willscht en Schorle?

Un jetzt? Wer heit sein Mill trennt, isch middedrin im „Krieg der Säcke". Des hääßt: Mer kann trenne, bis mer grie werd – Säck fer de Dreck nei griecht mer känni. Gelwe Säck zum Beischbiel (des sinn die, wu verreißen, wann se mit Luft in Kontakt kummen), die

werrn bei uns als Luxusardiggel rationiert wie frieher de Muggefuck. Do hot's irchendänn Huddel gäwwe mit de Entsorchungsfirma un em „Duale Sischdeem", un jetzt muss mer hoffe, dass mer iwwer Mundbrobbagannda erfahrt, wann emool widder e paar Rolle unners Volk g'schmisse werrn („Dunnerschdaach in acht Daach, 23.30 Uhr bis 23.35 Uhr, Stadtdorf X, Parkplatz hinner de Schul, Ausschau hallde nooch ämme dunkelhooriche Mann mit Sunnebrill un ämme blaue VW-Kombi. Vorsicht, bissicher Hund").*

Säck fer Altglas verdäält derweil e ganz anneri Firma. Was hääßt verdäält? Die Firma hot beschlosse, dass jeder Haushalt am End vum Johr zwää Rolle mit Glas-Säck ins Haus geliffert griecht – un des muss dann fer die neggschde zwölf Monat lange. Des hot naddierlich mein Kumbel Fred uff die Barrikaade gebroocht, weil der jedi Woch allää schunn zwää Säck fer Rotweiflasche braucht. Un graad bei dämm hot die Entsorchungsfirma vergesse, Altglassackrolle vorbeizubringe – bei uns iwwrichens ach, awwer die Mitbewohnerin un ich fahren unser Altglas sowieso immer bei Nacht un Näwwel iwwer die grie Grenz in de Landkreis – do hot's noch Altglascontainer. Des gäbbt uns dann en Kick wie frieher es Nacktbade nachts im Freibad.

Wu war'ich? – Ja, bei de Säck. Es Äänziggschde, vun was mer genuuch hänn, sinn Dudde fer Altbabbier. Die sinn bei uns in de Stadt jetzt Ersatzwährung un uug'fehr genauso schwach wie de Eiro: vier Rolle Altbabbier fer ä Roll „Gelwe", sechs Rolle fer e Roll Altglas.

Dauscht jemand? Ich mään jo blooß.

---

* Diese Beschreibungen stellen sehr realistisch die Verhältnisse in einer südpfälzischen Stadt dar, deren Namen mit „L-" beginnt und mit „-andaach" aufhört. Ähnlichkeiten mit weiteren pfälzischen Gebietskörperschaften wären ziemlich erschreckend.

Strom fers Fantom

Mitbewohnerin: aawesend. Dannde Liesel: huggt dehääm un knoddert. Mein Kumbel Fred: licht uff de Kautsch, bis es Boggaal-Endschbiel losgeht. De Nochber: meht Raase. Die Fraa X. un ihr Baggaasch: vollzehlich. Metzger: do. Bäcker: do. Briefdräächer: war do. Der Simmbel, wu mit seine frisierde Huddel fünfmool am Daach die Hauptschdrooß ruff un nunner raast: pinktlich wie immer.

Ich war de ganze Samsdaach im Dorf unnerwägs: Es fehlt känner. E paar sinn in Urlaub, die alt Fraa Y. b'sucht ihr Kusine in de Eifel, de Herr Z. isch in Kur (ohne sei Fraa) – awwer sunnscht: all an ihrm Blatz. Alles, wie's g'heert. Un drotzdämm verzehlen die uns, dass mir weche däre neie Volkszehlung uff äämool viel wännicher wären wie vorher. Äänehalb Millione Deitsche fehlen, häält's. 23.473 Mannemer. Fuffzehdausend Saarlänner. Känn Witz.*

Wann ich e Roll Blaschdiggsäck abhole will fers Altglas nei, dann hääßt's, ich hett vor zwää Monat schun e Roll griecht un wär erscht im Auguscht widder draa. Wann ich zwää Minudde an de Hauptposcht park,

---

* Seit die Zensus-Daten im Sommer 2013 bekannt wurden, streiten Experten darüber, wie die Zahlen zu erklären sein könnten.

griech ich en Knolle. Wann ich mei Schdeiererklärung nit Ende Mai abgäbb, drohen se mit Zwangsgeld. Wann de Fred noch äämool geblitzt werd, griecht er en Brief aus Flensburch. Wann die Fraa W. en Kredit will, saacht die Schufa Nä!, weil ihr ganzes Wohnverrdel weche de schlechde Laach uff de schwarze, geheime Kredit-Lischt steht.

Die wissen alles. Die kennen jeden. Mir huggen im Mudderland vun de Birrokraddie, im Himmel fer Erbsezehler, im Keenichreich vun de G'schdalldungsordnungserlosser un Grundschdickskaddaschderisierer, un die wollen uns weismache, dass se sich bei de Eiwohnerzahl vun Deitschland um fascht zwää Brozzent verschätzt hänn? Um änner vun fuffzich? Wu sinn dann bei de letzschde Bundesdaachswahl die Wahlbenoochrichdichunge geland't fer die Million Wähler, wu's gar nit gäbbt? Was macht die Renteversicherung mit dämm iwwriche Geld? Wer liefert eichentlich Strom ans Fantom? Sinn unser Eiwohnermeldeämter Fiktion? Gäbbt's die Beamte dort ach nit?

Verzehl mir känner, dass die sich so verzehlen. Die nämmen uns uff de Arm. Ich mään jo blooß.

En Traum vun Eiroba

Unn, wie isch's Ihne so gange die Woch? Isch Ihne ebbes im Gedächtnis gebliwwe? De Friedensnobelpreis fer die EU zum Beischbiel? – Ja, naddierlich nit! Do sinn in Oslo drei Frackdräächer vun de EU, wu mit uns nix zu du hänn, uff de Biehn g'huggt un hänn gewaart, bis es Gebabbel rum isch.* Ich hett heile kinne. Was wär der Nobelpreis fer e Schongs gewässt, Eiroba emool fer die Eirobäer do sei se losse un nit fer die Bolledigg un ihrn Proporz.

Schdellen Se sich vor: Do wär uff de Biehn nit es Sinnbild fer die Birrokraddie g'huggt, sondern aus jedem EU-Land en junge Mann odder e jungi Fraa – Siwwenezwannzich, wu fer 500 Millione stehen. Was het des fer e Bild gäwwe! Was hedden die zu verzehle g'hatt! Odder denke mer noch e bissel weider, e bissel muudicher, e bissel verrickder, e bissel eirobäischer! Was, wann mir Eirobäer de ganze Welt gezeicht hedden, dass mir viel määner sinn, wie die denken? Kä drei Krawaddefuzzis hedde mer uff Oslo g'schickt, sondern aus jedre Region in Eiroba en Eirobäer! En Nobelpreis fers „Europa der Regionen" hedde mer

---

* Der Friedensnobelpreis wurde der EU Ende 2012 verliehen – an drei EU-Politiker. Der Zorn des Autors über die verpasste Chance ist bis heute nicht verraucht.

draus gemacht, mit ämme Andalusier, ännre Waliserin, ämme aus de Provence, aus de Lombardei, aus de Steiermark, de Tatra, ännre aus Skåne, aus Lappland, Groningen, Weschtpommern, mit ämme Schwoob, ämme Oschtfries, ännre Bayerin – un naddierlich mit ämme Pälzer. Stellen Se sich vor, was des fer e wunderbari Dischbediererei gäwwe hett, wenn die Palz uff Oslo schickt! De Kohlhelmut, de Briegel odder die Miriam Welte? Änner vunn de Knipser-Brieder odder de Michael Bauer? Die Dannde Liesel? Die Katzebercher?

Hauptsach, mir hedden dischbediert iwwer Eiroba! Mir hedden unser Frääd g'hatt an Eiroba! Mir hedden mitg'fiewert mit Eiroba! Un mir hedden mit zwääehalbdausend Preisdräächer aus alle Regione vun Eiroba in Oslo de Saal g'schbrengt! Un heit, am Sunndaach druff, hedde mer irchendwu in de Palz e großes Feschdel fer Eiroba g'feiert mit unserm Pälzer Friedensnobelpreisdräächer, un jeder hett ihm odder ihre emool uff die Schullder klobbe dirfe – un jeder sich selwer ach noch es bissel. Eiroba wär velleicht nit besser gewässt hinnenooch. Awwer e bissel määner unsers. Un nit dänne ihrs. Ich mään jo blooß.

Indegrations-Dischbediererei

De Fritz*: Mir sin die Mehrheit. Mir waren zuerscht do. Alla, sollen die de Bobbes beweeche, wann se akzebbdiert wärre wollen.

De Schorsch*: Quatsch. Mir missen uns besser in die neidenke. Des isch doch e vollkommen anneri Welt. Un es licht an uns, dass mir begreifen, wie die ticken. Un vergess nit: Mir hänn se gerufe, also missen jetzt ach mir gugge, dass mer mit dänne äänich wärrn.

De Fritz: Iwwer des „Mir hänn se gerufe" deed ich gern dischbediere. Ich habb jo de Eidruck, dass die vun allää kumme sin. Dass die ääfach irchendwann do waren, uug'froocht, obwohl se känner gewollt hot. Un jetzt misse mer fer die Goffdel ach noch bezahle.

De Schorsch: Nix fer uuguut, awwer ich habb selden änner greeßeren Bleedsinn babble heere. Du verloscht de Bodde, wu unser Verfassung druff steht. Die sinn doch Dääl vun unserm Sischdeem. Die sinn Deitschland!

De Fritz: Bleedsinn. Du bischt velleicht en Träumer. Du glaabscht dadsächlich, die deeden uns männer helfe wie se uns schaden? Die lääwen in ännre Welt voll mit Scheiklappe! Die denken blooß an sich un ihrn Vordääl.

---

* Name vun de Redaktion geännert. Mer wääß jo nie. Ich mään jo blooß.

De Schorsch: Hoscht du der emool iwwerlecht, was die fer unsern Staat leischden? Hoscht du der Gedanke gemacht, ob unser G'sellschaft ohne die iwwerhaupt funktioniere deet?

De Fritz: Jetzt halt emool de Gaul aa! Neun vun zeh Schlamassel, wu unsern Staat drinsteckt, hänn die doch verbockt. Un vergess nit: Die redden doch noch nit emool unser Sprooch.

De Schorsch: Fritz, jetzt halt emool die Luft aa un saach mer ganz ehrlich: Deedscht du dänne ihrn Dschobb mache wolle?

De Fritz: Bollidigger – Ich? – Im Lääwe nit.

Fußball un Gewalt

Wann's um de Eff-Cee-Kaa geht, derf mer mich offiziell als „nimmi ganz sauwer" tidduliere. Wann de Betze schbielt, gehn bei mir alle Lichder aus, un ich bin blooß noch fer ää Sach se gebrauche: se waarde, bis unser Männer e Door schießen. Ich sing es Betzelied (alle drei Strophe), ach wann se auswärts kicken, un zwää Mool am Daach geh ich in de Gaarde un streichel mei dreißich mol achtzeh Quadratzentimeeder Original-Betzeraase. Wann se verliere, isch des fer mich blooß de Ausgangspunkt fer de neggschde Uffschwung, kaum hänn se zwää Schbiele hinnerenanner gewunne, glaaw'ich fescht an de Eiroba-Boggal, un wann ich Määnznullfünf heer, dreht sich mir komplett de Maache rum. Isch des nit schää?

Es wär schää, wann's nit so viel Tybbe gäwwe deed, wu uff e ganz anneri Art nimmi ganz sauwer sinn. Ich werr gar nit ferddich, mich se schämme, wann e Eff-Cee-Kaa-Schbiel wie am Mittwoch in Frankfurt* zum Bircherkriech werd, wann Leit verletzt werrn un blooß noch es Bollizei-Großuffgeboot defor sorcht, dass se sich gecheseidich nit dooddresche. Un ich schämm mich nit blooß, ich habb ach Schiss, wann ich selwer ins Stadion dabb. Des G'fiehl vun frieher, dass ich schunn alles im Griff habb, wann ich e bissel nooch rechts un nooch links gugg, des isch weg. Un ich will ääfach nimmi heere, wann se aus zehdausend Häls „Arschloch", „Wichser" un „Huresohn" blärren.

Dodemit fangt's nämmlich aa: mit Worte. Wann en Schwarze en „Bimbo" isch un de Geechner de „Feind", wammer de Schiri als „schwarzi Sau" „uffhänge" will un es Schbiel zum „Schlachtfescht" werd, dann isch's schunn längscht se schbeed, ach wann noch gar nix bassiert isch. Awwer indressiert des jemand? – Dann gäbbt's die Randale, die Geldschdroof un hinnenooch laaft alles weider wie immer. Blooß es Ergebnis zehlt: „Sieg!" – ganz knapp ohne „Heil!"

---

* Die traurige Partie ging am 26. Oktober 2011 über die Bühne.

Wie die Neonazis vun Lazio Rom letzscht es „s" von Klose mit SS-Rune g'schriwwe hänn, hot de Miro gemäänt, Bolledigg g'heert nit in's Stadion. Doddaal falsch! Gewalt, Menscheverachdung un Extremismus g'heeren nit ins Stadion – un dodefor braucht's im Stadion die richdich Bolledigg. Un Leit, wu endlich die Gosch uffmachen. Ich mään jo blooß.

De schääne Rainer

„Soooo ein Taaaaag, ssssoo wuuuunnersööön wie heuudeeee, soo ein Taaaaaaag … "

„Jesses, Dannde Liesel, was isch'n los mit dir?"

„Wassollnmimmirlossei?"

„Saachemoool, hoscht du änner sitze?"

„Sonbleedsn."

„Ich glaab's nit! Es isch Fasnacht, un die Dannde Liesel hot en Schdurre!"

„Nifreschwerreberschel. Schunnschkummischdervorbei. Hoschg'heert?"

„Mensch, Dannde, du verzehlscht doch sunnscht immer de ganze Welt, dass die Zeite lang rum sinn, wu du samsdaachoowends …"

„Sssssssssssssseite. Sinn. Rumm. Hihihi …"

„Dannde Liesel, sei mer nit bees, awwer des muss ich middem Händi filme. Des glaabt mer jo sunnscht känner."

„Raaainer, so schää wie du isch keeeineer …"
„Äh. Was?"
„Lomichinruh. Isch will su meim goldische Rainer. Su meim klänne Briederle mit seim knaggische Aa…"
„Dannde Liesel! Um Himmels wille!"
„… mit seim knaggische, seim knaggische, seim …, seim …"
„Bei allem, was der lieb isch! Saach jetzt nix mä, Dannde Liesel, des isch jo pein …"
„Nein, neeeeeeeein, so schön kann doch kein Mann seeeeein! Rainer, du hoscht so stramme Wade wie sunnscht känner uff de …"
„Dannde Liesel! Wann dich jemand heert!"
„Des so-sollen ruhisch allminnaner heere, mein Freund, jawoll! Jeeesmool, wann isch de Raabrierle im Fernseh sähn, da-dann werd mir nämmlich gaaaaanz blimmerant."
„Mir ach, awwer …"
„Wääscht noch, es Hutg'schäft Briederle in Lanndaach? Ach, wie hett ich do gern mit em …"
„Stopp!"
„Rainer, mein Hecht! Mein schnubbelischer Schnuggi! Mei wildes Bärle! Du bischt so heiß wie ein Vulkan, oh-oh-oh-ohhh …"

Liewe Leser, ich muss mich ausdrigglich un in aller Form fer mei Dannde entschuldiche: Sie war uff de Fasnacht. Sie verdraacht känn Drobbe. Es war en äämooliche Ausrutscher. Des kammer, glaaw'ich, nit von jedem saache. Ich mään jo blooß.*

MEIN KUMBEL FRED

Männel vs. Männel

Es isch aazunämme, dass des schunn in de Stääzeit so war: Ab un zu muss es Männel sich messe. Es Weiwel bleibt schää dehääm in de Hehl un butzt die Fenschder, un es Männel geht uff die Gass un sucht sich en Konkurrent. „Dämm zeich ich, wu de Hammer hängt", denkt es Männel. Wann des anner Männel dann uffdaucht, machen alle zwää e Rieseg'schiss. Sie blärren rum un schlachen sich mit de Fauscht uff die Bruscht. Erscht dann geht de Kampf los. Jeder holt sei Beilsche raus, un die klobben se sich dann gecheseidich uff de Deez, bis se kä Luscht mä hänn. Am Oowend kummt es Männel dann hääm – e paar Schramme un Schrun-

---

* In aller Regel nervt die Tante. Dass sie in diesem Fall zum Einsatz kam, um eine Stellungnahme zur Sexismus-Debatte um den damaligen FDP-Spitzenkandidaten Rainer Brüderle abzugeben (der aus Landau stammt), darf als einer ihrer wenigen Verdienste um das Seelenheil des Neffen gewertet werden.

ne, awwer sunnscht g'sund un munnder. Un es werd sofort liewevoll umsorcht. „Mein Held!", saacht es Weiwel un zieht sich fer die Nacht ebbes Neggisches aa.

Heit isch des alles e bissel ääfacher. Ich muss zum Beischbiel nit lang suche. Ich hab jo mein Kumbel Fred. Un mir hänn ach kä Beilscher, sondern Tennisschläächer. Die hämmer zwar alle zwää schunn fünfezwannzich Johr lang nimmi in de Hand g'hatt, awwer e Mättsch hämmer drotzdämm ausgemacht. Un weil mer viel zu kulldiviert sinn fer rumzublärre un uns uff die Bruscht zu klobbe, schigge mer uns vorher e paar SMS. „Hoscht schunn Schiss?", schreib ich. „Fer dich langt's noch, wann ich mit ännre Brotpann schbiel", schreibt er. „Vorhin hot mich de Roger Federer aagerufe – er braucht Taktik-Tipps", schreib ich. Morchens um 4.30 Uhr weckt mich sei Antwort: „Nooch ämme indännsive Früh-Dränning mit de Steffi Graf trink ich graad en Kraidertee un denk mer so: Die Konkurrenz schloft!" – „Gut", schreib ich zurigg, „ich hab graad fünf Sahne-Eclairs zum Kaffee un e Flasch Riesling. Ich will, dass mir zwää fitnessmääßich e bissel ausgeglichener sinn." Er: „Ich geht jetzt in de Baumarkt un kaaf Raasesame Wimbledon." – Ich: „Bevor der uffgeht, gehscht du unner." Un so weider ...

Geschdern war unser Mättsch. Bei 0:0 un 15:15 im erschde Satz war Schluss. Fred: Kniescheib raus im rechde Knie. Ich: Muschgelbinndeliss (Bobbes).

Mir lichen jetzt zamme uff Zimmer 312. E Weiwel war noch känns do. Ich mään jo blooß.

Die Mutproob

„Mach du!", saacht mein Kumbel Fred. Ihm laaft de Angschtschwääß iwwer die Stern. Er schnauft schwer. Sei Händ ziddern.

„Nix do", saach ich. „Des isch dein Keller. Do bischt du de Scheff."

En kalte Hauch zieht durch de Raum. Ich dreh mich rum un guck hinner mich. Nix.

„Ich ...", saacht de Fred un stockt.

„Jetzt stell dich halt nit so aa", saach ich. Ich will tapfer klinge. Awwer mei Stimm brecht. Ich fercht mich, un mei Knie schloddren. Ich denk: Hoffentlich merkt's de Fred nit.

„Du hoscht doch genauso Schiss wie ich", saacht er.

„Ja", saach ich. Angscht macht ehrlich.

„Warum mache mer des dann?", froocht er.

„Weil mer irchendebbes mache missen", saach ich.

„Stell der emool vor, was bassiere kann, wammer nix machen. Wann der Schambes ääfach so in die Luft geht."

„Ja, awwer, was bassiert, wammer ...?"

Zibbzibb. Die Sechzich-Watt-Funzel flackert.

„Des isch e Zeiche!", saacht de Fred. „Kumm, mir hauen ab!"

„Jetzt sei doch en Mann, Fred!", saach ich. „Do muscht du durch. Es isch dein Keller. Dei Haus. Un, guggemool, ich bin doch bei der!" Ich guck hehlinge nooch de neggschde Dier. Wann's druff aakummt, muss ich as Erschder dort sei.

„Alla gut", saacht de Fred. Er guckt mich aa, als wär's es letzschde Mool. Er nämmt des Glas in die Hand un hebt's vorsichdich geche die Funzel an de Deck. Dann dreht er's ins Licht. „Ich lääs noochemool vor", saacht er. Ich geh hinner de Werkbank in Deckung.

„Mirabelle, 1975."

Mein Kumbel Fred zieht am Eimachgummi.
   Es macht …

***

An all, wu jedes Johr eimachen, als deed's Medallje defor gäwwe: Biddebiddebidde, denken Se an die zukinnfdiche Generatione! Die werrn's Ihne danke.* Ich mään jo blooß.

Känn Pilz em Feind

De Mensch isch en Jäächer un Sammler, schunn klar. Awwer mansche sinn määner Jäächer un Sammler wie annere. Mein Kumbel Fred zum Beischbiel, der geht uff Pilze. Kaum fangt die Säsong aa, schnabbt er

---

* Wann immer Sie diesen Beitrag lesen: Bitte erinnern Sie sich daran, wenn es das nächste Mal ans Eingemachte, äh, ans Einmachen geht.

sich de große Korb un klabbert sei geheime Standorte im Pälzerwald ab. Daach fer Daach bringt er määner Beute hääm, wie e Infanndrieregiment esse kann. Awwer des isch em Fred egal. Es kann nur änner gäwwe, saacht er. Noch nit emool seim beschde Kumbel verroot er, wu er widder die acht Pund Hexerehrling odder die zwannzich grooße Stääpilz g'funne hot. Soll blooß känner waache, määner Pilze aus em Wald zu schlääfe wie er, de Keenich vun Pifferlingsbach und Schopftintlingshause.

Des hot naddierlich sei Guudes. Kaum geht die Pilzsäsong los, ruft de Fred fünf Mool in de Woch aa un lad uns zum Esse ei. Un ich saach Ihne: Koche kanner. Vor allem: Pilze. Zart in Butter aag'schmelzt; als Fillung fer Pannekuuche; zum Rumpsteak; zu de Weckknepp; mit e paar Eier draa als Ommlett; mit Rosine un Niss als Vorspeis; als Friggassee; als Ragout, als Supp. Die erschde zwää Woche sinn wunderbar. Mei Mitbewohnerin un ich stellen's Eikaafe ei. Mir huggen jo jeden zwädde Daach zum Esse beim Fred. Un an de freie Daache mache mir nix wie verdaue.

Irchendwann awwer, meischdens am Aafang vun de dridde Woch, kippt die Stimmung. Dann losse mer's Telefon ach emool bimmle, wammer em Fred sei Nummer sähne. E paar Pilze deede mer jo mit Gewalt noch nunner bringe. Awwer die fruschdrierde G'sichder vum Fred seine Fraa un de Kinner, die sinn schbeedeschdens ab Ende Pilzwoch zwää nimmi zu erdraache. Un so lääd se uns duun: Irchendwu heert die Solidarität uff.

Heit morche hawwich de Fred uff de Stroß getroffe, Pilzkorb unnerm Arm. Er hot Ringe unner de Aache g'hatt. Er isch blass un sechs Kilo schwerer wie sunnscht. Sei Fraa un die Kinner sinn bei de Oma, seit Aafang September. „Ich kann kä Pilze mää sähne", saacht er zu mer. Un macht sich uff de Wääch in Wald. Känn Pilz em Feind! – Aus dämm Stoff sinn Helde gemacht. Ich mään jo blooß.*

Alles Fiktion

„Saachemool, muscht du eichendlich jedi Woch de ganze Welt verkliggre, was bei eich dehääm so ablaaft?" Mein Kumbel Fred war zum Fußballgugge do, was nie e guudi Idee isch. „Des geht doch känn Mensch ebbes aa", saacht er. „Also, ich kinnt des nit. Un dann ach noch sunndaachs ..." Sie missen wisse: De Fred isch en guude Kerl. Awwer vun de Welt verschdeht er nix.

„Mensch, Fred", saach ich, „des isch e Kolumne. Des isch Schbass. Des isch erfunne. Des isch Fiktion!"

---

* Es dauerte drei Jahre und einen Monat, bevor mein Kumpel Fred nach Erscheinen dieses Beitrags wieder Einladungen an Betroffene aussprach. Es gab Salzstangen zum Wasser.

„Wie, Fiktion?", saacht de Fred. „Des glaabscht doch selwer nit!"

„Ja, was denkscht dann du?", saach ich. „Glaabscht du velleicht, ich bin en Hosseloddel, wu nie de Raase meht, wu sei Klammode hieschmeißt, wu er se auszieht, wu sich vun seine Fraa vorschreiwe losst, ob er im Gaarde e Großleinwand uffbaue derf, un wu de Kaader froocht, ob uff de Kautsch velleicht noch e Blätzel frei isch?"

„Ich habb dich noch nie de Raase meehe g'sähne", saacht de Fred.

„Ja, unn?"

„Un ihr hänn doch en Kaader."

„Fuffzeh Millione Leit in Deitschland hänn en Kaader", saach ich.

De Fred runzelt die Stern. Dann saacht er leise: „Du bischt gar nit Ehrebrässident im Dachverband vun de Anti-Griller?" Ich schiddel de Kobb.

„Du bischt in eierm EM-Tippschbiel gar nit de Depp?" Ich schiddel de Kobb.

„Du hoscht gar nit de Laubbläser vum Nochber middem Vorschlaachhammer …"

„Doch", saach ich, „awwer des war Notwehr."

„Siehscht!", saacht de Fred, „Vun weeche Fiktion!"

„Des middem Vorschlaachhammer hawwich nie g'schriwwe", saach ich, „des hawwich dir blooß verzehlt, un zwar im Vertraue!"

„Ach", saacht de Fred, e bissel kläälaut.

„Die Woch schreib ich zum Beischbiel in meine Kolumne, dass mer in Urlaub fahre deeden", saach ich, „do du ich dann …"

„Ei jo, dei Fraa hot mer geschdern verzehlt, ihr fahren uff …"

„Mensch, Fred, jetzt halt doch ääfach emool dei Gosch!"

Manschmool frooch ich mich werklich, wieso ich dänn Simpel erfunne habb. Ich mään jo blooß.

DEHÄÄMRUM

De Grill-Profi

„Wann d' die Holzkohle länger wie e Minutt' in de Hand heewe kannscht, dann isch se noch zu kalt."

Des war de Kommentar vun meim Kumbel Fred, wie ich am erschde Oowend mit meim nachelneie 37-Zenndimeeder-Kuchelgrill bei ihm aagerufe habb. Ich habb wisse wolle, wann Holzkohle hääß genuuch isch fer was uff de Rooscht se schmeiße. Un in de Bedienungsaaleidung hot's g'hääße: „Wenn die Kohle leicht angegraut ist …" Ja, bin ich bei de Alte Herre oder was? De Fred war jedenfalls ach kä Hilf.

24 klänne Holzkohlebrickets soll ich in meim Kuchelgrill uffenanner schichde, steht in de Bedienungsaaleidung. Wann se allerdings aus Bucheholz sinn, dann blooß achtzehne. Außer, ich mach Fisch (bis 450 Gramm – bei Dreipinnder Seehecht isch's widder annerscht) odder ich mach Sparchel. Dann wären's, je

noochdämm, fuffzehne odder zwelfe. Awwer blooß bei Oschtwind, glaawich. Un wann de Luftdruck stimmt.

Ich habb nit gewisst, dass Grille so e Wissenschaft ischt. Die Mitbewohnerin hot's ach erscht geglaabt, wie ich zu meim Mini-Grill fer de moderne Zwääpersonehaushalt noch e moderni Edelstahl-Griffzang, e moderni Edelstahl-Gawwel un en moderne Edelstahl-Wender mitgebroocht habb. Un die Hochsicherheits-Hängsching. Mit dänne hett de Red Adair dunnemools die brennende Eelquelle in Kuwait durch Handuffleche lesche kinne. 50 Euro hänn die gekoscht (glaawich – ich habb de Eikaafszeddel fortg'schmisse, dass en dehääm niemand Falsches in die Finger griecht). Un en draachbare Edelstahlkamin zum Holzkohleaazinne hawwich ach genumme, awwer naddierlich blooß broffüllaggdisch. En noochfillbaare Dissain-Grillazinner hawwich. En schnittfeschte Grillschorz. E Grillmesser-Set aus Edelstahl. Un e Schutzbrill geche de Funkefluuch. Vier Tüv-gebriefte Feierlescher, fer jeedi Eck vum Haus änner. Bio-Holzkohle-Aazinner aus gedrechseldem Stroh. Die sinn eigedulft mit irchendebbes G'sundem un Glicklichem, wu ganz schää brennt, wammer middem Flammewerfer druffhalt.

Dass jetzt känner uff falsche Gedanke kummt: Was zum Esse gäbbt's friehschdens neggschtwoch. Ich mään jo blooß.

De Fall Grabowsky

„Fass, Kaader, fass!"

De Kaader huggt uffem Raase. Er guckt mich aa, als wär ich de Yeti un hett en Baschtrock aa. Er kratzt sich am Ohr, gähnt un butzt sich de Schnorres.

„Kumm, Kaaderle, kumm", saach ich, so sießhoorich wie's norre geht.

De Kaader dabbt Richdung Hausdier. Wanner jetzt die Trepp nuff dabbt, licht er widder uff de Kautsch, bis de Mond es iwwerneggschde Mool uffsteicht iwwerm Owwerdorf.

„Kumm, Kaaderle, kumm!", saach ich, „buttbuttbutt."
„Du hoscht werklich nimmi alle Tasse im Schrank", saacht die Mitbewohnerin. „Du wääscht genau, dass mer Maulwelwer nit jaache derf!"
„Ich jaach se jo nit. De Kaader soll ..."
„De Maulwurf steht unner Naddurschutz", saacht die Mitbewohnerin.

So geht des seit acht Woche. Jeden Daach schaufelt de Grabowsky, so hämmer de Maulwurf gedaaft, drei, vier neie Hichel uff unsern englische Raase. Wann ich oowends en Huwwel platt mach, sinn morchens zwää neie doo. De Gaarde sieht aus wie Braunkohledaachebau im Hoochbetrieb. De Mann vun de Raiffeise hot gemäänt, ich soll's mit Ultraschall browwiere. Do hot de Grabowsky en Daach lang Paus gemacht un dann sei beschde Kumbels zu sich eigelaade. Er war, scheint's, stolz uff unsern neie Raase-Saund. Dann hawwich's mit Molke un Buddermilch browwiert, des deed de Maulwurf nit gern rieche, hääßt's, wann's vergärt. Dann hawwich Knowwloch genumme. Dann Heringskepp. De Grabowsky hot's ignoriert un hot sich weider gemiedlich vun Nordnordoscht nooch Siedsiedwescht gegraawe. Un ich war dehäämrum wochelang mit Mund- un Naseschutz unnerwäägs.

„Immerhie brauchscht jetzt känn Raase mä se meehe", saacht mein Kumbel T. aus K.

Awwer was mich frieher glicklich gemacht hett, isch heit e Niederlaach. Als wär ich de Betze un de Grabowksy wär Hoffenem.*

„Kumm Kaader, kumm!", saach ich. „Fass! Fass!"
„Kumm Kaader, kumm!", saacht die Mitbewohnerin un stellt e Schäälsche Luxusfudder vor die Dier.

---

* Hier wird an das frustrierende Ende der Zweitliga-Saison 2012/13 erinnert, als der 1. FC Kaiserslautern beide Relegationsspiele zum Aufstieg in die Erste Fußball-Bundesliga gegen die TSG Hoffenheim verlor.

De Kaader schnurrt. De Grabowsky grinst. Die Kumbels klatschen sich ab.

Un ich? Wie immer: Zwäddi Liga. Ich mään jo blooß.

En Traum vun Technik

Fliegen Sie nach vorn und Anschlag. Der Hubschrauber wird eine langsame Geschwindigkeit nach vorn, wenn eine sanfte Uhrzeigersinn drehen wird.*

Sechs Woche hawwich mich uff mein Helikopter V-Max hypersonic g'fräät, än Spielzeichhubschrauwer mit Fernschdeierung, wu dadsächlich fliecht: e Werweg'schenk fer e Broweabo vun ämme Wirtschaftsmagazin. En Juchendtraum. Fer fuffzeh Eiro neinzich!

Es ist ausreichend, um eine kurze gegen den Uhrzeigersinn wiederum Befehl.

Wie des Ding sechs Woche lang nit beikumme isch, hawwich jo die Mitbewohnerin in Verdacht g'hatt. Sie hot halt dänn Witz nit kabbiert: Ich deed dänn Hubschrauwer unserm Kaader uff de Buckel binne, dass der sich emol sei Revier aus de Vochelperschbeggdiiv betrachde kann. Seit dämm Daach guggen mich die

---

* Keines der Zitate aus der Bedienungsanleitung ist erfunden.

Zwää blooß noch vun de Seit aa. Wie des Päckel dann endlich kumme isch, hawwich mich uff neidrales Territorium zurickgezoche (ganz hinne in de Gaarde, wu mich känner sieht), un habb's ganz schnell uffgerisse.

Wenn Sie treiben die richtige Kontrolle-Hebel, die Nase Neigung zu sind, wird der Hubschrauber bewegt sich auf uns.

Was soll ich saache? Er isch noch viiel schääner, wie ich mer'n vorg'schdellt habb. Er hot en USB-Aaschluss. Er blinkt abwechselnd blau un rot. Er hot e Drei-Kanal-Infrarot-Funksischdeem. In die Fernschdeierungs-Bedienkonsol basse sechs Badderije (1,5 Volt, nit im Lieferumfang enthalde). Un die Bedienungsaaleidung isch in ännre exdra fer de Helikopter V-Max hypersonic entwickelde Schbezialschbrooch verfasst, wu jeden B'sitzer zu ebbes Besunnerem macht.

Drücken Sie Drosselklappe bis zu erhöhen Sie Ihr Hubschrauber etwa 0,5 bis 1 Meter hoch. Wenn er Spiralen im Uhrzeigersinn, und drücken Sie lassen Sie die linke Seite des Trimm wiederholt, bis der Dreh-Haltestellen und Hubschrauber fliegt geradeaus.

„Un, fliecht er?" ruft die Mitbewohnerin, un de Kaader schnurrt. Des isch mol widder reini Browwokation. Ich mään jo blooß.

Die Kättkämm

Es gäbbt uff de Welt doch lix Langweilicheres wie en Hund. Er guggt dich aa, treudoof, er wedelt middem Schwanz, dabbt der uff Schritt un Tritt hinnenooch, an de Lein. Dann isch er glicklich, de Hund, weil's nausgeht in die Welt, vun däre er määnt, es wär die Welt, obwohl er blooß do hie dibble derf, wu du un die Hundelein ihn hie lossen. Sie merken: Do schreibt en Katzemann. Änner, wu begeischdert isch vum unbänndiche Freiheitsdrang vun seim Schnurrviech. Des macht immer blooß, wu's druff Luscht hot, do kann es Herrsche Schneggedännz verfiehre, wie's will. So en Kaader, der geht naus in die Welt, wann's ihm basst. Un du erfahrscht dein Läbbdaach nit, wu er sich widder rumtreibt, nachts, in dänne zwää Schdunn vun 24, wu er nit uff deine Kautsch licht un pennt. Des hääßt: Frieher hett mer des nie erfahre. Heitzudaach kammer seim Kaader e Kättkämm verbasse. E klänni Kamera fer um de Hals, wu filmt, was de Kaader so macht, wann er uff Dour geht. Die erscht Hälft' vum Film sieht mer Kralle un blutverschmierde Unnerärm. Awwer am dridde Daach schafft mer's. Mit Feierwehrhännsching un Schutzaazuuch hawwich'en nooch'em dridde Friehschdick (sein, nit mein) im Schloof verwischt. Dann war se in Position, die Kättkämm. Un nooch drei Daach, so lang laaft die Kamera nonstop, hawwich se ihm widder abgenumme – mit leichder Unnerschditzung vun ämme befreundete Großwildjäächer un drei digge Beruhichungspfeile: änner fer de Kaader, zwää fer die Mitbewohnerin. Un do gugg hie: Top-Spielfilm-Quallidääd! Zwääezwannzich Schdunn lang es Muschder vun unserm Kannabbee aus alle Blickwinkel. Alle paar Schdunn e Schnurre. Un irchendwann bassiert's: Mer sieht die Holzdiehle, die Trepp. Schuh, mannshoch. Die Katzeklapp. Alles in Infrarot un aus de Kaaderperschbeggdiiv. 20 Meeder quer iwwer de Raase, es Gras geht ihm iwwer de Kopp. Er dabbt um die Scheier rum. Jawohl! De Kaader geht naus in die Welt! Wild un frei! Fer ihn gäbbt's kä Grenze! Er macht, was er will! Mer sieht unsern Schobb middem Summermeewel. De Sunneschirm. Die Liech. Dann zwää Schdunn lang de Schonbezuuch vum Gaardestuhl. Mer heert en sogar schnarche, de Kaader. Ganz reechelmeeßich. Sinn Katze nit was Wunderbares? Ich mään jo blooß.

De Määschder

„Am Mittwoch zwische neun Uhr morchens und sechs Uhr oowends", hot mer de Handwerker als Termin vorg'schlache. Un ich habb gedenkt: Hot der noch alle Tasse im Schrank? Ich nämm mer en Daach frei un hugg dehääm, bis de Herr Inschdalladeer sich bequäämt, an meine Hausdier zu schelle?

„Geht's nit velleicht e bissel konkreeder?", hawwich g'froocht. „Ich habb jo unner de Woch ach ebbes zu schaffe."

„Sinn Sie nit bei de Sunndaachszeidung?", hot er g'saacht, un ich habb mich nit getraut, Widderredd se gewwe.

Mer kann sei Mitbewohnerin vor de Kopp stoße, die Schwichermudder, de Parre, de Chefreddaggdeer, sogar die Erbdannde – awwer verderb der's nie mit dämm Mann, wu der en neie Siphong ans Schbielbecke schrauwe soll, wann durch de alde kä fünf Drobbe Wasser mä bassen. Do kammer nit ääfach es Maul uffreiße un de digge Mann markiere, sunnscht kummt de Handwerker nie zu dir un macht, dass alles widder gut werd.

„Alla hopp", saach ich, „wie wär's dodemit: Sie rufen aa, wann Se Zeit hänn, un ich loss alles liche un stehe un kumm sofort hääm."

„Machemer, Määschder", saacht de Handwerker.

Des war am Freidaach vor verrzeeh Daach. Am Mondaach hänn bei mir die nerveese Zuggunge aag'fange. Un jeder, wu was vun mir wollt, war sauer, weil ich en sofort aus de Leidung g'schmisse habb. Was wann sich graad jetzt de Handwerksmääschder meld't?

Am Dienschdaach hawwich widder bei ihm aageruufe. Ganz kläälaut. Vorsichdich. Freindlich. Mer will jo nix saache, awwer ...

„Meld mich glei", hot er gemäänt.
„Kann Freidaach werre", saacht er am Dunnerschdaach. Ich hab kallde Schwääß griecht.
„Die Woch werd's eng", saacht er am Freidaach. Ich habb mer Wadewickel gemacht.
„Die Woch klappt's", saacht er am Mondaach. Ich habb e Flasch Sekt uffgemacht.
„Es isch erscht Dunnerschdaach", saacht er am Dunnerschdaach. Ich habb e bissel g'heilt.

Geschdern hawwich em Praline g'schickt. Die deire. Dann werd's die neggscht Woch b'schdimmt was. Ich mään jo blooß.

En Dampfknobb?

Engelsche: Du willscht doch wohl nit schunn widder iwwer's Esse schreiwe?
Deiwelsche: Wieso dann nit?
Engelsche: Es isch Faschdezeit, do halt mer sich zurick.
Deiwelsche: Des sin doch alles Ferz.

Engelsche (schnauft): Do saachscht jetzt awwer ebbes …!

Deiwelsche: Willscht en Dampfknobb?

Engelsche (fächelt sich mit de Hand Luft zu): Um Himmels Wille!

Deiwelsche: Ich habb ach noch en Schobbe Weisoß.

Engelsche (hebt de Zeichefinger): Jetzt mach emool halblang. Du wääscht genau, dass ich am Faschde bin, so wie sich des g'heert.

Deiwelsche: Ich brauch nit zu faschde. Ich bin jo nit so fett wie du.

Engelsche: Du verschdehscht gar nix, odder?

Deiwelsche: Ich verschdeh, wann mein Maache knurrt. Dann schmeiß ich drei Scheiwe Saumaache un zwää Brootwerscht in de Pann, un ruckzuck …

Engelsche: Es geht um Besinnung.

Deiwelsche (grinst).

Engelsche: Es geht um inneri Reinichung.

Deiwelsche: Dodefor hawwich en wunderbare Treschder. Ich saach dir, der butzt durch …

Engelsche: Du wääscht genau, was ich mään. In dänne verrzich Daach vor Ooschdre duud mer Verzicht iiwe, un mer …

Deiwelsche: Ich verzicht ab sofort freiwillig uff dei Kluuchscheißerei. Langt der des?

Engelsche: Des war jetzt sogar unner deim Niwwoo. Guck dich doch emool um. Die Leit trinken kä Allgohool. Sie essen kä Flääsch. Sie duun Audofaschde un fahren defor middem Rad. Un e paar Junge machen sogar Fäisbuckfaschde.

Deiwelsche: Was ischen des?

Engelsche: Die gehn e paar Woche nit in ihr soziales Netzwerk im Indernett. Die pouschden nix und dricken kä „G'fallt-mer"-Knebbelscher.

Deiwelsche: Ja, un?

Engelsche: Uffem Babbier hot sich des gut aag'heert …

Deiwelsche (grinst): Was isch jetzt, willscht en Dampfknobb?

Engelsche: Jetzt loss mich halt in Ruh.

Deiwelsche (kaut): Iff määm jo bloof.

Zwelf Uhr middaachs

Ich habb's gewisst. Sie isch widder doo. Die Dauerwell frisch gemacht. De weiße Kiddel nit blooß sauwer, sondern rein. Es Namensschild mit de Wasserwooch juschdiert: Fraa X. Sie huggt an de Kass vun meim Subbermarkt, un alle annere Kasse sinn zu. So wie immer, wann ich eikaaf.

Sie missen wisse: Mir sinn im Kriech. Un ich habb noch kä Schlacht gewunne.

Kass vier. Mei Zeich licht uffem Band un rollt unuffhaltsam uff se zu. Mei Herz rast. Mei Händ sinn feicht. Mein Mund isch trocke. Un ich wääß schunn: Ich schaff's widder nit.

Dodebei hawwich die letzscht Woch jeden Oowend tränniert. Im Hobbykeller. Mein Kumbel Fred war die Fraa X. Er isch am Schraubstock g'schdanne, also an de Kass, un hot die Dudde un Päggelscher ans End vun de Werkbank g'schoowe. Mit zwää Händ. So schnell, wie er gekinnt hot. Un ich habb alles in de Schubbkarch gepackt. Un dann widder von vorne. Un widder. Un widder. Vierezwannzich Segunne fer achdedreißich Ardiggel war mei Beschdzeit am vierde Oowend. Isch des velleicht nix?!!

Zwelf Uhr middaachs. Ich bin draa. Die Fraa X. lächelt freindlich wie immer: „Gunndach." So ääfach griecht se mich nit. Ich saach känn Ton, bin voll konzentriert. Mein Eikaafswache steht perfekt: press am End vun de Kass, Schnauz noch hinne. Ich denääwe uff neun Uhr, de Geldbeidel zwische de Zäh, die Händ mit Magnesia gepudert. Mein Geischt isch frei. Oooooommm. Ich kenn alle Tricks.

Die Fraa X. kennt se ach. Bis ich die Schbielschwämm nääwer de Eier un de Hering in Tomaadesooß verstaut habb, rammt se mer schunn es Klobbabier in de Bauch.

„Tschuldichung", saacht se, „ich war wohl e bissel zu schnell." Sie lächelt widder. Un sie macht demonschdraddiiv e Paisel, bevor se die Rasierklinge un de Jokurt riwwerschiebt.

So ebbes hot se noch nie gemacht. Sie spielt mit mer! Wie de Kaader, wann er e Maus hot. Er losst se e bissel lääwe, awwer blooß zu seim Spaß, nit, weil's noch Hoffnung gääb.

„Sechsefuffzichachzich", saacht die Fraa X.
„Zu Null", saach ich.

Kapitulation mit alle Ehre.* Ich mään jo blooß.

Spieleoowend (80er-Version)

„Wie viel Monde hot de Jupiter", froocht die Fraa X.
„Derzeit bekannt un benannt: dreiesechzich", saach ich, ohne mit de Wimper se zucke.
„Nää", saacht die Fraa X., „es sin fuffzeehne. Karl, du bischt draa."
„Trivial Pursuit" isch e schäänes Spiel. Mer muss Frooche beantworte wie bei „Wer werd Millionär?", un wammer recht hot, griecht mer e Stiggel Tort aus Blaschdigg. Un am End gewinnt de Schlauschte. Normalerweis.
„Ää, Entschuldichung", saach ich, „des stimmt nit. De Jupiter hot mindeschens 63 Monde, wahrscheinlich noch määner. Des isch de neischde Stand vun de Forschung."
„Uff meim Käärdel steht: fuffzeh. Un des gilldet", saacht die Fraa X.

---

* „Mit alle Ehren" ist eine Beschönigung. Der Supermarkt von Frau X. wird vom Autor seither gemieden.

So geht des schunn de ganze Oowend. Die Fraa X. hot uns zum „Trivial Pursuit" eigelaade. Un ich bin mit, weil ich gewisst habb: Egal, was kummt, geche die dabbich Fraa X. kammer nit verliere. Ich habb es Weiße in ihre Aache sähne wolle. – Hawwich schunn verzehlt? Ich kann se gar nit leide, die Fraa X.

Was ich nit geahnt habb: Die Fraa X. spielt e „Trivial Pursuit" vun 1984. Un sie spielt ihr Version seit 26 Johr dreimol in de Woch mit ihrm Mann. Wann also die Frooch kummt: Was fer e Lied war im Februar 1983 uff Platz fünf vun de Deitsche Hitparade?, dann kreischt die Fraa X. wie aus de Pischdool g'schosse: „Die Sennerin vum Königssee! Neue Deutsche Welle!" Un ich muss worgse.

„Wie hoch isch de heggschde Berch vun de Welt?", froocht mich die Fraa X.
„Noch de neischde schineesische Radarmessung: 8844 Meeder un 43 Zentimeeder", saach ich, „naddierlich ohne es Eis".
„Nää. 8848. Karl, du bischt draa."

Dass ich ehreamtlicher Jupiter-Mondzähler bei de NASA bin, dass mir de Brässident vum nepalesische Himalaya-Verei erscht geschdern die Heh vum Maunt Everescht uff de Arm täddowiert hot – es helft nix. Uff de Fraa X. ihrm Kärdel steht die Wohret. Vun 1984.
„Un die gilldet."

Ich gelob effendlich: Ab sofort gäbbt's Wissensspiele fer mich blooß noch bei Super- RTL. „Was ist eine Zahnkrankheit – Karies oder Fußpilz?" Des basst immer. Ich mään jo blooß.

WEISHEIT FER AAFÄNGER

De Paschdeede-Kodex

E Johr kann gebroocht hawwe, was es will, am End laaft's immer uffs selwe naus: Mer steht im Subbermarkt un denkt: Ach Gott, ich brauch noch Worschessdersooß! – Des hott viel demit se duu, dass mer an Heilichoowend odder an Silveschder, als Wiedergutmachung fer die Verfehlunge im allde Johr, Paschdeede esse muss: zylindrische Behältnisse aus Blädderdääg mit ämme Loch owwedrin, wu Kalbsfriggassee neikummt, meinetweeche Pilzragout, un am End ganz uubedingt en Schuss Worschessdersooß.

Des steht so in ämme Kodex aus'em fuffzehnde vorchrischdliche Johrhunnert un isch wortgleich in die Pälzer Verfassung eig'flosse, wu unser Vorvädder un Vormidder genau dort vergraawe hänn, wu heit de Mittelkreis vum Betze isch. Mir Pälzer sinn seither per Stammesschwur verpflicht', äämool im Johr a Fläschel Worschessdersooß se kaafe, ach wann in de Flasch aus'm letzschde Johr blooß die drei Drobbe fehlen, wu mer voriche Weihnachde iwwer unsre Paschdeede verdäält hänn. Im Endeffekt fiehrt des dezu, dass im Pälzer Kicheschrank e Johrgangssammlung Worschessdersooßeflasche steht, wu oft bis in die Kindheit vum Erschtgeborene zurickgeht. Mein Kumbel Fred hot mer verzehlt, dass er in ännre Schubblaad e Fläschel g'funne hot – nääwer de hisdorische Glasabbelreib vun seine Oma Erna –, wu anno domini 1968 abgeloffe isch. So ebbes gäbbt naddierlich Pluspunkte fer de Fred in de moralische Johresabrechnung.

Awwer dodemit isch däre Sach noch lang nit Geniieche geduu. De ulldimadiive Bonus gäbbt's, wammer nit blooß sei Flaschesammlung sordiert un die nei Sooß iwwer sei Paschdeede g'schitt hot, sondern sich ach noch wacker ämme Dibbelschisser entgechestellt, wu äm verkliggre will, dass es Worschessdersooß iwwerhaupt nit gäbbt, dass des korrekt „Wuusterscherr-Sooß" hääße deed, was vun Englisch „Worcestershire" kummt, des wär die Grafschaft („shire") rund um die Stadt Worcester (sprich: „Wuuster") in England, wu die Original „Wuusterscherr-Sooß" außerdämm ach erscht seit em Schbeedsummer 1837 brodduziert werre deed. In so ämme Fall muss mer als Pälzer de Vochel zeiche un saache: Quatschkopp! Was hänn dann dormliche Englänner demit se duu, dass mir äämol im Johr Paschdeede brauchen, fer mit uns ins selwer ins Reine se kumme? Ich mään jo blooß.

Sex! Bomb!

@palz:

Die Woch* hot's die #bundeskanzlerin verwischt, weil se g'saacht hot, es #indernett wär #neiland fer uns allminanner. Jesses, hänn die #indernettgoffdels sich uffgereecht. En #shitstorm hot sich entlaade iwwer de Änschie, weil doch, määnen die #indernettgoffdels, des #indernett gar kä #neiland mä isch, sondern de äänzich seelichmachende Lääwensraum fer de #mensch im 21. Johrhunndert. Jesses, isch die Fraa ferrdich gemacht worre! Es erschde Mool, seit ich die Änschie kenn, hot se mer lääd geduu.

Dass mer uns richdich verschdehn: Mir redden beim #indernett schunn vun dämm Ding, wu mer Daach un Nacht alle Sorrde vun #pornos gucke kann, ach wammer erscht elf Johr alt isch. Mir redden vun dämm Ding, wu macht, dass die Leit sich nimmi in die Aache gucken, sondern blooß noch uff de #tattschskrien vun ihrm #smartfoon. Vun dämm Ding, wu alles wääß, was dezu fiehrt, dass sich känn Mensch mä ebbes merkt un die #menschheit schää gemiedlich vor sich hie verdummt. Un mir redden vun dämm Ding, wu macht, dass der #barackobama

---

* Angela Merkels „Neuland"-Pressekonferenz war im Juni 2013. Das Internet ist seither nicht besser geworden. Merkel wurde wiedergewählt. Noch Fragen?

unser ganze #i-mehls mitlääst, außer mir sinn schlau un schreiwen poschtkaarde. Die kann dann zwar meinetwääche de Briefdräächer lääse, awwer eewe känn #spion vun de #cia. Mir #Pälzer sinn do jo, wie mer wissen, ganz b'sunnerscht in G'fahr. Schreib in deim #i-mehl dreimool „Alla hopp" un velleicht noch, dass die nei Bussaasch vun deim Kumbel Fred e richdichi #sexbomb isch, dann bischt du schunn uffem hallwe Wääch nooch #guantánamo, weil dich de #Allah-un-Bombe-Filter vun #prism verwischt hot.

Alla hopp. Sexbomb. Hawwich jetzt genuuch rickwärtsgerichdeden, fortschrittsfeindlichen un sowieso absolut ahnungslosen #scheissdreck iwwers #indernett g'schriwwe, dass ich mer mein eichene klänne #shitstorm verdient habb? Schää wär's. Sicherheitshallwer fass ich des Ganze awwer noch emool in kompatible maximal 140 Zeiche zamme:

@indernettgoffdels, @änschie: Ich drääm vun ännre Zeit, wu es #indernett fer uns kä #neiland mä isch, sondern noch #fernizukunft. *grins. imjb.

En Weck-Ruf

Heit heddich e Uffgaab fer Se. Saache mer, fer die neggscht Woch. Die Uffgaab geht so: B'sorchen Se, bittschää, bis zum neggschde Sunndaach sechs Milchweck (wann Se määner wie zwää Leit sinn odder wann Se, wie ich, en g'sunde Abbedidd hänn, dirfen's ach achde odder zehne sei). Jedenfalls: Milchweck. Ziel: Am Sunndaach mache mer zamme roschdiche Ridder. Un zwar richdiche!

Bevor jemand de Brockhaus uffschlacht: Milchweck sinn Weck aus Milch, wu ganz annerscht riechen, es bissel sießlich, un dunkler sinn se ach. Milchweck waren frieher iwweraal im Sortiment, domools, wu's noch Bäckereie gäwwe hot. Un Bäckereie – des fer alle junge Leser – sinn Handwerksbetriewe, wu in ännre eichene Backstubb hinnerm Ladeg'schäfft Däägware herstellen, un zwar vun morchens um viere bis middaachs um zwölfe (außer Freidaach uff Samsdaach, do geht's schunn oowends um zehne los, weil jo fer de Sunndaach mitgebacke wärre muss). Bäckereie waren heggschdens drei Strooße weg vun do, wu mer gewohnt hot, un zwar in de Stadt un uffem Land. Ja, Kinner, lachen nit, uffem Dorf hot mer eikaafe kinne! Un eigekaaft hot mer glei morchens, weil do noch alles do war, was mer gewellt hot – oowends waren die Regale leer. Ja, so war des in de Zeit vorm Großkonvektomat un de Backlinge aus Weißrussland. Wu war'ich? Bei de Milchweck.

Es isch doch so: Jetzt, wu's kaum noch Bäckereie gäbbt un erscht recht kä Bäcker, wu Milchweck mache, misse mir allminanner die Noochfrooch aakurwle. Wann jeder vun uns, fer de Aafang, sechs Milchweck kaafe geht, kummt Beweechung in de Markt.

Uuheimlichi Beweechung. E paar Läde werrn uns vermisse. E paar werrn staune. Mir werrn velleicht bleed aageguckt – awwer des muss es uns wert sei. Velleicht werrn dann e paar Leit nervees, weil mir doch nit alles mit uns mache losse, weil mir merken, was verlore gange isch un weil mir uff äämool suche gehn nooch ämme richdiche Bäcker, wu richdich backt, richdiche Weck, sogar Weck aus Milch!

Also, – Parole: „Roschdiche Ridder jetzt!!" Ich mään jo blooß.*

Backe mer's!

6 Milchweck, 2 Eier, en halwe Lidder Milch,
1 Ziddroon, 3 Essleffel Zugger, Budder fer zum
Ausbacke, Zimt un Zugger fer owwedruff.

Ich habb was gelernt die Woch (un ich redd jetzt nit devu, dass de Schäuble uns en Knopp an de Backe neht mit seim „Haushalt ohne strukturelles Defizit" odder dass mer am beschde unser ganzi Bundesregie-

---

* Es sind kleine Erfolge, die einen Kolumnisten glücklich machen. Nachgewiesenermaßen haben zwei Pfälzer Bäckereiern nach dem Erscheinen dieses Beitrags Milchbrötchen wieder in ihr Angebot aufgenommen. Ein Anfang.

rung unner Betreuung stelle deeden – fer 150 Euro im Monat deed ich die Uffsicht glatt iwwernämme). Nää, ich habb gelernt, dass de Kampf geche de Backware-Einheitsmarkt noch nit verlore isch, dass mer uns e Beischbiel an Bämmesens nämme kinn, wu's, scheint's, noch Milchweckbäcker gäbbt, un dass außer de Milchweck ach die Salzweck wie vum Erdbodde verschluckt sinn.

Un weil jeder Kampf Entschlosseheit un Tatkraft fordert, fange mer jetzt mit de roschdiche Ridder aa: Sie lossen die Milchweck en Daach liche, dann reiwen Se rundrum die Kruscht ab un heewen es Weckmähl uff. Sie driggen die Ziddron aus. Sie riehren die Eier, die Milch un de Zucker zamme un drebblen nooch un nooch de Saft dezu. Die Milchweck brechen Se in de Mitt durch un lechen se in e Ufflaufform. Sie gießen die Brieh driwwer un lossen die Weck e halwi Schdunn lang eiwääche. Die Weck ordentlich ausdrigge, bis se nimmi drobbsen, im Weckmähl rolle un in Budder ausbacke, bis se schää braun sinn. Zimt-Zucker driwwer.

300 Millilidder Milch, 150 Millilidder Sahne,
50 Gramm Zugger, 3 Eigelb, 1 Vanilleschoot (wann's schnell gehe soll: 2 Messerspitze Burbongvanillbullwer), 1 Essleffel Speisestärke

Sie däälen die Vanilleschoot längs un kratzen middem Messer es Mark raus. Eigelb, Zugger, Stärke un Vanillemark zammeriehre, mit Milch un Sahne uffgieße un die Vanilleschoot neischmeiße. Bei schwacher Hitz riehre, bis die Sooß dick werd – nit koche. Schoot raus, Sooß zu de roschdiche Ridder uff de Deller: Ferrdich!

Ich muss dezu saache: Mei Sooßeprojekt isch perseenlich mit de deitsche G'sellschaft fer Kardiologie abg'schdimmt. Des hääßt: Jedi Woch ä Portion, un Ihrn Herzdoggder kaaft sich neggscht Johr e neies Audo. Awwer do misser mer halt durch. Jedi Revolution hot ihrn Preis. Ich mään jo blooß.

Wie's Lääwe so schbült

Uff ämme Kämmbingblatz lernt mer määner iwwer es Lääwe, es Universum un de ganze Rescht, wie mer sich jemools hett vorschdelle kinne (un wolle). Ich habb zum Beischbiel nit gewisst, dass in Eiroba uff drei Engländer, zwää Deitsche, änn Franzos un en halwe Tschech äänezwannzich Holländer kumme. So ebbes erfahrt mer uffem Kämmbingblatz im Land X., irchendwo im Siede. Do lernt mer ach, dass en pensionierde Studjedireggder aus em Bergische Land an ämme Dreimannzelt fünfehalb Schdunn lang uffbaue kann un dodefor sechseachzich Hering, hunnertzwannzich Meeder Abschbannsääl un e Tusnelda

uff'em gebliemelde Kämmbingstuhl braucht, wu Kommandos gäbbt.

Die greescht Erkenntnis isch awwer iwwer mich kumme, wie ich ins Weschhaus gedabbt bin. Do waren acht Schbülbecke, un devor sinn acht Männer g'schdanne, ihr G'scherrdiechelscher iwwer de Schullder wie e Geißel un bis zu de Ellebooche in Wasser un Pril. Do war mir uff änn Schlaach klar: Gleichberechdichung isch e Illusion. Was treibt die Männer im

Urlaub kolleggdiiv an die Schbülfront? Ihr schlechdes Gewisse, weil sich die faule Strick dehääm es ganze Johr de Bobbes noochdraache lossen – immer noch! Des kann ich nit zulosse. Ich, de Frauerechde un em Geischt vun de Uffklärung verpflicht', habb in alle gängiche Weltschbrooche (außer Holländisch) browwiert, de Männer die Sachlaach klarzumache (un ich habb naddierlich demonschdraddiiv nie selwer en Schbiellabbe in die Hand genumme). Awwer entwedder stimmt ebbes nit mit meine Weltschbrooche odder die Menschheit isch, wie doomools beim Galileo, ääfach nit reif fer die Wohret.

Ich habb mich dann, e bissel fruschdriert, uff mei gebliemeldes Kämmbingschdiehlsche g'huggt un habb die Leit gezehlt, wu mit ännre Klobabbierroll in de Hand an mir vorbeigedabbt sinn. Zwää Punkte fer e weiß Roll, drei Punkte fer rosa, fünf Punkte fer grau (Grünwähler, Deitschland).

Wammer es Universum emool so begriffe hot wie ich, braucht mer e Ablenkung. Ich mään jo blooß.

In de fremde Stadt

„Also, do fahren Se zuallererscht emool zum Edeka", saacht die Fraa X., „un dann ..."
„Äh, Moment ...", saach ich.
„ ... beim Edeka kummt dann der Kreisel ..."

„Awwer ich …", saach ich.

„Un dann, glaawich, geht's links un dann …"

„Stopp!", saach ich. Ich steh im Induschdriegebiet vun de Stadt Y., nääwer de Firma vun de Fraa X. Bei däre hawwich g'schäffdlich zu du g'hatt. Desweeche war ich zimmlich weit weg vun dehääm. Un ich habb nit de Schimmer vun ännre Ahnung g'hatt, wu's in de Stadt Y. en Edeka gäwwe kinnt.

„Ich habb nit de Schimmer vun ännre Ahnung, wu de Edeka isch", saach ich.

„Der hodden große Parkplatz", saacht se.

„Un do stehen lauder so Medalldinger mit Räder unne draa", saach ich.

Die Fraa X. guggt mich vun unne raus aa. „Ou", saacht se.

„Jou", saach ich un verschbrech mir an Eides Statt, dass ich mer morche e Nawwi kaaf.

„De Edeka kennt bei uns jeder", saacht se.

„Ich verschdeh schunn", saach ich, „awwer Sie verschdehn mich ach, odder? Ich hab äänehalb Schdunn gebraucht, um in Ihrm Induschdriegebiet die uugraade Hausnummre zwische 241 und 261 zu finne. Un jetzt will ich widder raus. Hääm. Fort."

„Ja, ja!", saacht die Fraa X. Sie lecht die Schdern in Runzle un simmeliert. Mer sieht ihre aa, wie se in Gedanke die Strooße abfahrt. Links. Rechts. Widder rechts. Links.

„Wissen Se", saacht se, „ich bin nit so gut im Erkläre."

„Ach", saach ich, awwer ich sähn jetzt mei Schongs. „Denken Se ruhich weider nooch, des helft mer schunn!" Ich lächel so uffmunndernd, wie ich kann. Sie macht in Gedanke weider. Ihr Kopp dreht sich. Links. Rechts. Rechts. Links. Rechts. Ich merk mer alles ganz genau.

„So!", saacht se dann. „Jetzt wääß ich widder, wu mei Audoschlissel sinn. Ich hol se schnell, dann fahr ich vor Ihne her."

Zwää Schdunn schbeeder war ich uff de Audobah. Die Fraa X. werd noch vermisst.

Was soll's. E bissel Schwund is jo immer. Ich mään jo blooß.

Alles in Ordnung

Fer dissjohr hawwich blooß änn guude Vorsatz g'hatt: Ich will mei Mitbewohnerin debei unnerschditze, dass se endlich emool mei Ordnungs-Sischdeem kabbiert.

Wann ich zum Beischbiel de Durchschlaach vun meim Freischdellungsuffdraach vun 2007 suuch, dann wääß ich genau: Er licht uffem Bodde nääwer meim Schreibdisch, un zwar unner de Steiererklärunge vun 2007 bis 2012, iwwer de FCK-Stadionhefte, Johrgäng 1994 bis 2008, un zimmlich in de Neh vun meim Verdraach middem Fitnessstudio vum 3. Januar 2007 (widderrufe am 6. Januar 2007 – do hawwich gemerkt, dass die Abbarade sich gar nit vun allää beweechen). Ich wääß also hunnertbrozzenndich, dass mein Freischdellungsuffdraach vun 2007 nääwerm Schreibdisch uffem Bodde licht, un zwar in ännre Heh vun exakt verrzich Zenndimeeder. Sie werrn lache, awwer des losst sich alles ausrechne, wammer wääß, dass e Stadionheft (nei, ohne Bierflecke) dreiehalb Millimeeder dick isch un bei ämme Druck vun siwwe Kilogramm pro Quadratzenndimeeder um ug'feehr siwwenehalb Prozent zammegebresst werd (vun dämm Schammbes owwedruff).

Ich habb also e perfeggdes Ablache-Sischdeem. Awwer die Mitbewohnerin schießt quer un lecht Formulare in Leitzordner un Poscht in Schubblaade ab. Schlimmer noch: Sie hewwelt es Grundgesetz fer haislichi Ordnung aus, wu besaacht, dass neie Babbiere sich acht Woche lang uff de Ablaach nääwerm Kiehlschrank akklimaddisiere missen, bevor mer se weidertransborrdiert. Sie draacht des Zeich schunn nooch drei, vier Daach aus de Kich – un Sie missden emool dänn vorwurfsvolle G'sichtsausdruck sähne. Sie lecht ääfach alles uff mein Stapel. Un wann ich ebbes saach, hääßt's, sie misst sowieso als emool um mein Schreibdisch rum „nooch em Rechte gugge", es kinnden jo Lääwensforme entschdanne sei, wu mer beim Eiwohnermeldeamt eidraache losse muss. End vum

Lied: Mann mit Subbersischdeem finnt nix. Fraa war draa. – Sie verstehen, warum ich dissjohr blooß mit dämm äände guude Vorsatz aagedrääde bin. Gut, saache mer, es sinn jetzt zwää. Ich will ach noch durchhallde, bis se mich im Dezember widder ins Haus losst. Ich mään jo blooß.

Drummelschdunn

„Wie wär's am Freidaach um fünfe?"
„Geht nit. Um halwer sechse bring ich die Klää ins Ballett, un um sechse hot de Grooß Klavierschdunn."
„Un um halwer achde?"
„Do hawwich Yoga."
„Un am Samschdaach?"
„Do fahre mer in de Kledderpark."
„Un oowends?"
„Do geh mer middem Fritz un de Anna zum Schinnees."
„Mondaach in acht Daach?"
„Weihnachtsfeier."
„E Woch schbeeder?"

[„Irma, hoscht du ebbes am Mondaach in zwää Woche?"
„Isch des de fünfde?"
„Ja."

„Do griech ich e Piiling."
„E Piiling?"
„Willscht velleicht, dass ich irchendwann aussähn wie die Helga?"]

„Mondaach in zwää Woche geht uff känn Fall."
„Wie wär's mit Dienschdaach?"
„Fußballdränning."
„Un Mittwoch?"
„Taekwondo."
„Du machscht Taekwondo?"
„Nää, die Klää."
„Taekwondo un Ballett?"
„Dunnerschdaachoowends hot se ach noch Drummelschdunn."
„Drummelschdunn?"
„Schlaachzeich-Unnerricht."
„Jesses."
„Des Kind muss sich doch auslääwe."
„M-hm."
„Was willschden saache mit ‚M-hm'"?
„Nix. Was isch mit Sunndaach morchens?"
„Dänn Sunndaach?"
„Egal."
„Kinnergoddesdienscht. Un Dschogging."
„Sunndaachnoochmidaach?"
„Ligaschbiel."
„Solle mer's bleiwe losse?"

„Uff känn Fall!"
„Heilichoowend, halwer siwwene?"
„Jo. Warum saachscht dann des nit glei?"
Ich mään jo blooß.

Es Rotwei-Komplott

War de Bangemann en Mann fer Eiroba? Isch de Oettinger änner? – Ha! Vergessen Se die Luftbummbe! Eiroba, wie mir's kennen, braucht ganz annere Kerl.

Ich habb letzscht im Ausland en Schotte kennegelernt, de Harry. Un de Harry hot mer verzehlt, er hett en Keller voll mit franzeesischem Rotwei. Ich habb'em naddierlich glei vum Pälzer Wei vorg'schwärmt un versproche, dass ich ihm e paar Flasche Roode schick. Brivaadi Palzweiwerwung sozusaache.

„Ou", hot's am Poschtschalldder g'hääße, „Wei nooch Schottland schicke, do missen Se erscht gugge, was des dort an Zoll un Steiere koscht." – „Nä, vun uns bei de Poscht wääß des känner, do missen Se die uff de Insel froochen."

„Ou", hänn die bei de Zoll- un Steuerbehörde Ihrer Majestät in London g'saacht, wie ich aagerufe habb, „uff Wei-Importe werrd fällig: Wei-Steier, Verbrauchssteier, Mehrwertsteier." – „Nä, mache kammer do nix. Außer Sie schicken blooß zwää Flasche. Dann koscht's norre Mehrwertsteier." Zwää Flasche?, haww'ich gedenkt. Do werrd bei ämme Schotte jo noch nit emool die Zung nass. Awwer was will mer mache?

„Ou", hot's an de Telefon-Hotlein vum DHL-Paggeedversand g'hääße, „zwää Flasche, des geht zwar schunn, awwer wie die Mehrwertsteier feschtgelecht werrd, dess missen Se die Gesellschaft der Bundesrepublik Deutschland für Außenwirtschaft und Standortmarketing mit Sitz in Köln frooche."

„Ou", hot de Typ vun de Gesellschaft der Bundesrepublik Deutschland für Außenwirtschaft und Standortmarketing g'saacht, „des hängt ganz devu ab." – „Nä, nit dodevu, was Ihrn Wei gekoscht' hot. De briddische Zoll duut, wann Ihr Päckel aakuumt, de Wei schätze. Annerscht funktioniert des nit."

Ich habb dann zwää Flasche Wei uff Schottland g'schickt, en Schbeedburgunder un en St. Laurent, – uudeklariert, ohne Zollformular, ohne Beglauwichung, ohne alles. Ääfach unner de Hand. Un de Harry hawwich vorgewarnt.

„All right", schreibt er serigg, „fer e guuddes Trebbel geh ich gern in de Knascht."

Eiroba braucht Männer wie de Harry un mich.*

Ich mään jo blooß.

---

* Rotweinspenden bitte unter Chiffre „IMJB" an den Verlag. Danke.